LAETHANTA SONA

Company SJ
Laethanta Sona
Set at night
Mound design by Ger Clancy
Photo by Cormac Coyne

Samuel Beckett

Laethanta Sona

leagan Gaeilge le
Micheál Ó Conghaile

Laethanta Sona

Foilsithe in 2021 ag

ARLEN HOUSE
42 Grange Abbey Road
Baldoyle
Dublin 13
Ireland
Fón: 00 353 86 8360236
arlenhouse@gmail.com
www.arlenhouse.ie

978–1–85132–268–8

Dáileoirí idirnáisiúnta
SYRACUSE UNIVERSITY PRESS
621 Skytop Road, Suite 110
Syracuse, NY 13244–5290
Fón: 315–443–5534/Facs: 315–443–5545
Ríomhphost: supress@syr.edu

Clóchur: Arlen House

Director's Introduction

Sarah Jane Scaife

As usual when you begin working on a Beckett piece, or looking closely at one of his characters, you find everyone quoting from it referring to themselves. After a couple of weeks, the Beckett quotes from the play become a part of the fabric of daily collaboration. This ability that Beckett has to make the specific resonate with a universal echo brings practitioners back to his work over and over again. To translate this into another language becomes more than a translation of words from English to Irish.

Happy Days is a play about human relationships, about the need for everyone's voice to be heard by at least one other person. Winnie, buried up to her waist in the earth, has several things that keep her going until the bell for evening sounds. She has her husband Willie, who is hopefully hearing at least some of what she is saying, her bag which contains her 'things', her words, her memory and her stories. She ponders deliciously and distractedly on the meaning of existence as she trawls through her bag and/or memory to occupy her throughout her day ... Rhythm and repetition are key to Winnie's performance which is integrated with action, gesture and the fine arts.

We found that we could only really find the truth in the piece by working together on the translation. I found the ongoing dialogue between Micheál and Bríd fascinating as they negotiated the text and mined each word for meaning. We rehearsed immersed in the landscape and language of Inis Oírr. This project became a true collaboration between Samuel Beckett, Inis Oírr and Company SJ.

Company SJ
Laethanta Sona
Raymond Keane, Bríd Ní Neachtain, Sarah Jane Scaife
Photo by Cormac Coyne

Production History

This translation of Samuel Beckett's *Happy Days, Laethanta Sona,* was first presented by Company SJ and Abbey Theatre, Ireland in association with Dublin Theatre Festival, and Galway International Arts Festival.

It was performed at Creig an Staic, Inis Oírr and the Samuel Beckett Theatre, Trinity College Dublin.

Written by	Samuel Beckett
Translated by	Micheál Ó Conghaile
Directed by	Sarah Jane Scaife
WINNE	Bríd Ní Neachtain
WILLIE	Raymond Keane
Sculptor/ Designer	Ger Clancy
Costume Design	Sinead Cuthbert
Lighting Design	Sarah Jane Shiels
Video Design	Killian Waters
Photography	Cormac Coyne
Produced by	Tim Scott
Associate Producer	Nathanael O'Leary
Sound Engineer	Chris Somers
Sound Recording	Martha Knight
Production Manager	Emma O'Grady
Technical Stage Manager	Lianne O'Shea
Stage Manager	Muireann Ní Raghallaigh
Costume Construction	Tara Mulvihill
Set Design Assistant	Aidan Fox
Graphic Design	Jura Afanasjevs

Funded by: Arts Council Ireland

Supported by: Áras Éanna, Ealaín na Gaeltachta, Irish Theatre Institute, Co-op Inis Oírr, Dublin City Council.

Company SJ
Laethanta Sona
Thomas Noel Sharry, Máirtín Stiofán Seoige, Máirtín Celine Seoige
Photo by Cormac Coyne

Special thanks:
Lucy Ní Mhairtín, Padraig Mulkerrin, Cathleen Thomas, Paul Johnson, Anna McMullan, Edward Beckett, Jen Coppinger, Craig Flaherty. Niklas Fink a chuidigh leis an aistriúchán, clóscríobh agus profáil.

About Company SJ:
Company SJ fuses research and performance to create an active artistic engagement between the two, currently presenting the work of Samuel Beckett for a 21st century Ireland and through that initial exploration for a wider international audience. Company SJ collaborates nationally and internationally with many artists, and especially with Raymond Keane. Since 2009 the company has presented *Beckett in the City*, which seeks to insert Beckett's writing into the architectural and social spaces of the city. This work has included *Rough for Theatre I, Act Without Words II, Fizzles, Not I, Footfalls, Rockaby and Come and Go*. The company's work with *Beckett in the City* has been highly regarded by critics, academics and audiences alike and has toured world-wide. In 2018 Raymond Keane performed in Beckett's prose piece *Company* at the Dublin Theatre Festival to great acclaim. company-sj.com

Company SJ
Laethanta Sona
Set at dawn
Mound design by Ger Clancy
Photo by Cormac Coyne

Léiríodh *Happy Days* den chéad uair ar an 17 Meán Fómhair 1961 in Amharclann Cherry Lane i Nua Eabhrac agus d'fhoilsigh Grove Press i Nua Eabhrac é den chéad uair sa mbliain 1961.

Léirigh Company SJ i gcomhar le Amharclann na Mainistreach, Féile Amharclainne Bhaile Átha Cliath agus Féile Idirnáisiúnta Ealaíon na Gaillimhe *Laethanta Sona* den chéad uair ar an 30 Lúnasa 2021 in Inis Oírr, Árainn.

Ba iad Bríd Ní Neachtain agus Raymond Keane na haisteoirí agus Sarah Jane Scaife a stiúraigh. Tim Scott a léirigh.

Buíochas le Niklas Fink a rinne an chéad dréacht de na treoracha stáitse, a chuidigh leis an eagarthóireacht agus le léamh na bprofaí, agus buíochas freisin le Cló Iar-Chonnacht.

Na Carachtair

WINNIE, bean atá sna 50idí
WILLIE, fear atá sna 60idí

Company SJ
Laethanta Sona
Máirtín Stiofán Seoige, Bríd Ní Neachtain, Muireann Ní Raghallaigh
Photo by Cormac Coyne

LAETHANTA SONA

Company SJ
Laethanta Sona
Bríd Ní Neachtain
Photo by Cormac Coyne

GNÍOMH A HAON

Fairsinge féaraigh dóite atá ag ardú i lár an stáitse ina chnocán íseal. Tá fána anuas chun tosaigh ar gach aon taobh den stáitse. Ar chúl tá fána níos rite go leibhéal an stáitse. Uasmhéid simplíochta agus siméadrachta.

Solas an-láidir.

Cúlbhrat i stíl trompe l'œil le cur i gcéill go bhfuil machaire agus spéir leanúnach ann a nascann lena chéile i bhfad i gcéin.

Tá WINNIE *neadaithe go dtína básta i gceartlár an chnocáin. Tá sí timpeall caoga bliain d'aois is í ag breathnú go maith dá haois, í fionn más féidir, ramhar, géaga agus guaillí loma, cabhail íseal, brollach mór, agus í ag caitheamh muince péarlaí. Tá sí ina codladh is a géaga sínte amach os a comhair ar an talamh, a cloigeann leagtha anuas ar a géaga. Tá mála mór dubh atá sách luchtmhar ar a taobh clé in aice léi ar an talamh, cineál mála siopadóireachta, agus parasól infhillte fillte ar a taobh deas. Tá hanla lúbtha an pharasóil ag gobadh amach as an truaill. Ar chúl ar dheis, tá* WILLIE *agus é ina chodladh ar an talamh is é i bhfolach ar chúl an chnocáin.*

Sos fada. Buaileann cloigín go géar ar feadh deich soicind nó mar sin. Stopann. Ní chorraíonn WINNIE. *Sos. Cloigín ag bualadh níos géire, thart faoi chúig soicind. Dúisíonn sí. Stopann an cloigín ag bualadh. Ardaíonn sí a ceann agus féachann sí amach chun tosaigh. Sos fada. Díríonn sí suas í féin, a lámha leagtha go cothrom ar an talamh, caitheann sí siar a cloigeann agus féachann ar bhuaic na spéire. Sos fada.*

WINNIE (*Ag stánadh ar bhuaic na spéire*): Lá glórmhar eile.

(*Sos. A cloigeann dírithe arís is í ag féachaint amach díreach, sos. Fáisceann sí a lámha lena hucht, dúnann a súile. Corraíonn a liopaí agus í ag guibhe cé nach féidir í a chloisteail, thart faoi dheich soicind. A liopaí ina stad. Coinníonn fáiscthe a lámha. Os íseal*). In ainm Dé, trí Chríost ár dTiarna, Áiméan.

(*Osclaíonn sí a súile, scaoileann a lámha agus leagann ar ais iad ar an gcnocán. Sos. Fáisceann sí a lámha lena hucht in athuair, dúnann a súile, corraíonn a liopaí arís agus í ag cur aguisín lena cuid paidreoireachta, thart faoi chúig soicind. Os íseal*). Trí shaol na saol, Áiméan.

(*Osclaíonn sí a súile, scaoileann a lámha agus leagann síos iad ar an gcnocán. Sos*). Tosaigh, a Winnie.

(*Sos*). Lá eile, a Winnie.

(*Sos. Casann sí i dtreo an mhála, í ag cuartú thíos ann gan é a bhogadh as áit. Tógann sí amach scuab fiacla, cuartaíonn arís, tógann amach tiúb leacaithe taos fiacla, iompaíonn ar ais chun tosaigh, scriúálann oscailte claibín na tiúibe, leagann an claibín síos ar an talamh, fáisceann bloba beag taois amach as ar an scuab agus saothar uirthi. Tosaíonn sí ag glanadh a cuid fiacla le lámh amháin agus í i ngreim sa tiúb leis an lámh eile. Casann sí ar leataobh go cúthail agus siar ar dheis chun an taos a chaitheamh amach as a béal taobh thiar den chnocán. Agus í á dhéanamh sin luíonn a súile ar* WILLIE. *Caitheann sí amach an taos. Síneann sí siar níos faide í féin agus síos. Os ard*). Hoo-oo!

(*Sos. Níos airde*). Hoo-oo!

(*Sos. Meangadh séimh uirthi agus í ag casadh ar ais chun tosaigh, leagann síos an scuab*). Willie bocht –

(*Scrúdaíonn sí an tiúb, meangadh múchta*) beagnach caite –

(*cuartaíonn sí an claibín*) á bhuel –

(*faigheann sí an claibín*) dheamhan neart air –

(*scriúálann an claibín ar ais ar an tiúb*) tarlaíonn na rudaí sin –

(*leagann síos an tiúb*) seanscéal is meirg air –

(*casann i dtreo an mhála*) á sea, níl aon leigheas air –

(*cuartaíonn sa mála*) dheamhan leigheas muis –

(*tógann sí scáthán beag amach, casann ar ais chun tosaigh*) á sea –

(*scrúdaíonn sí a cuid fiacla*). Willie bocht, an créatúr –

(*tástálann a cuid clárfhiacla uachtaracha lena hordóg, go doiléir*). Thiarna Dia!

(*ag tarraingt siar a liopa uachtair lena carbad a scrúdú, do*) In ainm Dé! –

(*tarraingíonn siar coirneál a béil, osclaíonn a béal, do*) á bhuel –
(*an coirneál eile, do*) tada níos measa, tada níos fearr –
(*stopann sí dá cuid scrúduithe, i ngnáthghlór*) an dá mhar a chéile –
(*leagann síos an scáthán*) díreach mar a bhí –
(*glanann a méara ar an bhféar*) gan aon phian –
(*cuartaíonn an scuab fiacla*) ar éigean é má tá –
(*piocann suas an scuab*) nach iontach an rud é –
(*scrúdaíonn cos na scuaibe*) gan a shárú ann –
(*scrúdaíonn cos na scuaibe, léann*) pure … céard? –
(*sos*) céard? –
(*leagann síos an scuab*) á sea –
(*casann i dtreo an mhála*) Willie bocht –
(*cuartaíonn sa mála*) gan sponc –
(*cuartaíonn*) ar bith ann –
(*tógann amach spéaclaí atá i gcása*) gan suim –
(*casann ar ais chun tosaigh*) ar bith sa saol –
(*tógann na spéaclaí amach as an gcása*) Willie bocht, an créatúr –
(*leagann síos an cása*) chodlódh go headra –
(*osclaíonn na spéaclaí*) an t-ádh dearg air –
(*cuireann uirthi na spéaclaí*) ní sháródh tada an codladh –
(*cuartaíonn an scuab fiacla*) in mo thuairimse –
(*piocann suas an scuab*) mo theanga caite a'm dá rá –
(*scrúdaíonn cos na scuaibe*) faraoir gan mise mar sin –
(*scrúdaíonn cos na scuaibe, léann*) genuine … pure … céard? –
(*leagann síos an scuab*) dall a bheas mé sula i bhfad –
(*baineann di na spéaclaí*) á bhuel –
(*leagann síos na spéaclaí*) mo dhóthain feicthe a'm –
(*cuartaíonn sí naipicín ina cabhail*) Is dóigh –
(*tógann amach naipicín fillte*) faoin am seo –
(*baineann croitheadh as an naipicín*) céard iad na línte iontach sin –

(*cuimlíonn súil amháin*) mo mhíle mairg go bhfaca –

(*cuimlíonn an ceann eile*) gach rud dá bhfaca.

(*cuartaíonn na spéaclaí*) á sea –

(*piocann suas na spéaclaí*) bheinn níos fearr as dá uireasa –

(*tosaíonn ag glanadh na spéaclaí, ag análú ar na lionsaí*) nó an mbeinn? –

(*glanann*) solas síoraí –

(*glanann*) ag scaladh amach as an duibheagán –

(*glanann*) bladhm de sholas marfach –

(*Stopann sí ag glanadh, ardaíonn a haghaidh i dtreo na spéire, sos, a cloigeann go cothrom arís, tosaíonn ag glanadh arís, stopann, síneann í féin siar ar dheis agus síos*). Hoo-oo!

(*Sos. Meangadh séimh uirthi agus í ag casadh ar ais chun tosaigh. Tosaíonn sí ag glanadh arís. Meangadh múchta*). Tabhartas ó Dhia –

(*Stopann ag glanadh, leagann síos na spéaclaí*) faraoir gan é a'amsa –

(*filleann sí an naipicín*) á bhuel –

(*cuireann an naipicín ar ais sa gcabhail*) níl aon chúis gearáin –

(*cuartaíonn na spéaclaí*) tuige a mbeadh –

(*piocann suas na spéaclaí*) cén mhaith a bheith ag gearán –

(*ardaíonn na spéaclaí in airde, breathnaíonn trí lionsa amháin*) a bheith buíoch as a bhfuil a'ainn –

(*breathnaíonn thríd an lionsa eile*) gan aon phian –

(*cuireann uirthi na spéaclaí*) ar éigean é, má tá –

(*cuartaíonn an scuab fiacla*) mór an mhaith an méid sin –

(*piocann suas an scuab*) gan a shárú ann –

(*scrúdaíonn cos na scuaibe*) oiread na fríde de thinneas cinn amanta –

(*scrúdaíonn cos na scuaibe, léann*) guaranteed … genuine … pure … céard? –

(*féachann níos grinne*) genuine … pure … –

(*tógann naipicín as an gcabhail*) á sea –

(*baineann croitheadh as an naipicín*) corrthinneas cinn –

(*tosaíonn ag glanadh cos na scuaibe*) tagann sé –

(*glanann*) imíonn –

(*ag glanadh go meicniúil*) á sea –

(*ag glanadh*) trócaire Dé –

(*ag glanadh*) mórthrócaire Dé –

(*stopann ag glanadh, í ag stánadh go brionglóideach, de ghlór stadach*) ní móide gur le gaoth a d'imigh na paidreacha ar fad –

(*sos, do*) le héirí gréine –

(*sos, do*) titim na hoíche –

(*a cloigeann íslithe, tosaíonn sí ag glanadh arís, stopann, ardaíonn suas a cloigeann, go suaimhneach, cuimlíonn a súile, filleann an naipicín, cuireann ar ais ina cabhail é, scrúdaíonn cos na scuaibe, léann*) fully guaranteed … genuine pure …

(*féachann níos grinne*) genuine pure …

(*baineann di na spéaclaí, leagann síos iad agus leagann síos an scuab, stánann os a comhair*) Seanrudaí.

(*Sos*). Seansúile.

(*Sos fada*). Lean ort, a Winnie.

(*Breathnaíonn sí timpeall, feiceann an parasól agus féachann air go grinn ar feadh tamaill, togann aníos é agus tarraingíonn hanla atá an-fhada ar fad amach as an truaill. Bíonn bun an pharasóil i ngreim aici ina lámh deas agus síneann sí siar í féin agus síos ar dheis chun crochadh os cionn* WILLIE). Hoo-oo!

(*Sos*). Willie!

(*Sos*). Tabhartas ó Dhia.

(*Tarraingíonn sí air le gob an hanla*). Faroir gan é agamsa.

(*Tarraingíonn sí arís air agus sleamhnaíonn an parasól as a lámh agus titeann síos taobh thiar den chnocán. Síneann lámh dofheicthe* WILLIE *ar ais chuici láithreach bonn é*). Go raibh maith a'd, a stór.

(*Athraíonn sí an parasól go dtína lámh chlé, casann sí chun tosaigh arís agus scrúdaíonn a bos dheas*). Tais.

(*Athraíonn an parasól ar ais chuig an lámh dheas, scrúdaíonn a bos chlé*). Á bhuel, tada. Tada níos measa.

(*Ardaíonn a cloigeann, go háthasach*). Tada níos fearr, tada níos measa, gan aon athrú.

(*Sos. Do*). Gan pian.

(*Síneann sí siar í féin le féachaint síos ar* WILLIE, *í i ngreim i mbun an pharasóil mar a bhí roimhe seo*). Ná tit i do chodladh arís orm, a stór, más é do thoil é. B'fhéidir go mbeadh gnó agam duit.

(*Sos*). Níl aon deifir, níl aon deifir ach ná tit in do chnap.

(*Casann ar ais chun tosaigh, leagann síos an parasól, scrúdaíonn a bosa le chéile, cuimlíonn ar an bhféar iad*). Beagáinín taibhsiúil ag breathnú mar sin féin.

(*Casann sí i dtreo an mhála, cuartaíonn istigh ann lena lámh, tógann amach gunnán, ardaíonn suas é, pógann é go sciobtha is cuireann ar ais sa mála, cuartaíonn arís is tógann amach buidéal de chógas dearg atá beagnach folamh. Casann sí ar ais chun tosaigh, cuartaíonn na spéaclaí, cuireann uirthi iad, léann an lipéad*). Loss of spirits ... lack of keenness ... want of appetite ... infants ... children ... adults ... six levels ... tablespoonfuls daily –

(*ardaíonn a cloigeann, meangadh ar a béal*) an sean-stíl! –

(*meangadh múchta, islíonn a cloigeann agus léann*) daily ... before and after ... meals ... instantaneous ... improvements ...

(*féachann níos grinne*) improvements.

(*Baineann sí di na spéaclaí agus leagann síos iad. Ardaíonn sí suas an buidéal fad a láimhe uaithi le feiceáil an bhfuil mórán fanta sa mbuidéal. Osclaíonn sí an claibín, slogann an cógas lena cloigeann ligthe siar go maith, caitheann sí an claibín agus an buidéal uaithi i dtreo* WILLIE. *Cloistear torann gloine ag briseadh*). Á, tá sé sin níos fearr!

(*Casann sí i dtreo an mhála, cuartaíonn thíos ann, tógann amach béaldath, casann ar ais chun tosaigh, scrúdaíonn an béaldath*). Beagnach caite.

(*Cuartaíonn na spéaclaí*). Á, bhuel.

(*Cuireann uirthi na spéaclaí, cuartaíonn an scáthán*). Ní haon mhaith a bheith ag gearán.

(*Piocann suas an scáthán, tosaíonn ag cur smideadh ar a liopaí*). Ó, céard é an líne iontach sin?

(*Liopaí*). Ní minic a tháinig sonas –

(*Liopaí*). Rud eicínt, donas ina orlaí tríd.

(*Liopaí. Cuireann* WILLIE *isteach uirthi. Tá sé ina shuí. Leagann sise síos an béaldath agus an scáthán agus síneann sí siar agus síos í féin le breathnú air. Sos. Ardaíonn mullach de chúl cinn mhaoil* WILLIE, *a bhfuil fuil ag sileadh as, i radharc os cionn na fána agus stadann. Brúnn* WINNIE *suas a spéaclaí ar a srón. Sos. Ardaíonn lámh* WILLIE *le naipcín is scarann sé ar a chloigeann é, imíonn as radharc. Sos. Feictear an lámh arís le hata bádóra a bhfuil ribín club air, cuireann sé ar a chloigeann é is é ar leathstuaic. Imíonn as radharc. Sos. Síneann* WINNIE *siar níos faide í féin agus síos*). Tarraing suas na drárs ort féin, a chréatúir, sul má bheas tú loiscthe.

(*Sos*). Ní tharraingeoidh?

(*Sos*). Ó, feicim go bhfuil cuid den stuf sin fágtha fós a'd.

(*Sos*). Cuimil go maith díot féin é, a stór.

(*Sos*). An ceann eile anois.

(*Sos. Casann sí ar ais chun tosaigh, stánann amach os a comhair. Dreach sona uirthi*). Ó, déanfaidh sé lá sona eile inniu!

(*Sos. Dreach sona múchta. Tarraingíonn sí anuas na spéaclaí agus leanann uirthi ag cur smideadh ar a liopaí. Osclaíonn* WILLIE *nuachtán, gan a lámha a bheith le feiceáil. Feictear barranna de bhileoga buí ar chaon taobh dá chloigeann. Críochnaíonn* WINNIE *ag smidiú a liopaí, scrúdaíonn sa scáthán iad agus í ag coinneáil an scátháin tamall amach uaithi*). Meirgire corcardhearg.

(*Iompaíonn* WILLIE *leathanach. Leagann* WINNIE *uaithi an béaldath agus an scáthán, casann i dtreo an mhála*). Bratach gheal.

(*Iompaíonn* WILLIE *leathanach eile. Cuartaíonn* WINNIE *sa mála agus tógann sí hata ornáideach gan flapa amach as, hata a bhfuil cleite craptha ann, casann sí thart agus timpeall é, díríonn é, slíocann an cleite, ardaíonn an hata chuig a cloigeann ach stopann nuair léann* WILLIE *amach*).

WILLIE*:* His Grace the Most Reverend Father in God Dr. Carolus Hunter dead in tub.

(*Sos*).

WINNIE (*Ag stánadh amach chun tosaigh, an hata ina lámh aici, de ghlór díograiseach atá ar bhóithrín na smaointe*): Charlie Hunter!

(*Sos*). Dúnaim mo shúile –

(*Baineann sí di na spéaclaí agus dúineann a súile mar a dúirt sí, an hata i lámh amháin, na spéaclaí sa lámh eile. Iomapaíonn* WILLIE *leathanach*) agus táim in mo shuí ar a ghlúine arís faoin gcrann feá sa ngairdín cúil i nGlas na Borgóige.

(*Sos. Osclaíonn sí a súile, cuireann uirthi na spéaclaí, bíonn sí ag méirínteacht leis an hata*). Ó, na cuimhní iontacha!

(*Ardaíonn an hata i dtreo a cloiginn, stopann nuair a léann* WILLIE).

WILLIE*:* Opening for smart youth.

(*Sos. Ardaíonn sise an hata i dtreo a cloiginn, stopann, baineann di na spéaclaí, stánann chun tosaigh, hata i lámh amháin, na spéaclaí sa lámh eile*).

WINNIE*:* Mo chéad damhsa!

(*Sos fada*). Mo dhara damhasa!

(*Sos fada. Dúineann sí a súile*). Mo chéad phóg!

(*Sos. Iompaíonn* WILLIE *leathanach. Osclaíonn* WINNIE *a súile*). An tUasal Johnson, nó Johnston, nó b'fhéidir gur chóir dom John*stone* a rá.

(*Go hómósach*). Croiméal fiáin giobalach an-chrón air.

(*Sos*). Rua beagnach!

(*Sos*). Istigh i seid uirlisí. Cibé cé mba leis é ní fhéadfainn a rá. Ní raibh aon seid uirlisí a'ainne agus is cinnte nach raibh aon seid uirlisí aigesean.

(*Dúnann a súile*). Feicim carnán potaí.

(*Sos*). Rópaí in aimhréidh.

(*Sos*). Na scáilí ag éirí dorcha faoi na rataí.

(*Osclaíonn sí a súile, cuireann uirthi na spéaclaí, ardaíonn an hata i dtreo a cloiginn, stopann nuair a léann* WILLIE).

WILLIE: Wanted, bright boy.

(*Sos. Cuireann* WINNIE *an hata uirthi faoi dheifir, cuartaíonn an scáthán. Iompaíonn* WILLIE *leathanach den nuachtán. Piocann* WINNIE *suas an scáthán, scrúdaíonn an hata, leagann síos an scáthán, casann i dtreo an mhála. Imíonn an nuachtán as amharc. Cuartaíonn* WINNIE *sa mála, tógann amach gloine mhéadaithe, casann ar ais chun tosaigh, cuartaíonn an scuab fiacla. Feictear an nuachtán arís, fillte an babhta seo, agus tosaíonn* WILLIE *dá luascadh, é ag fuarú a éadan leis, gan a lámha a bheith le feiceáil. Tógann* WINNIE *aníos an scuab agus scrúdaíonn cos na scuaibe thríd an ngloine*).

WINNIE: Fully guaranteed.

(*Stopann* WILLIE *dá fhuarú féin*) ... genuine pure ...

(*Sos. Tosaíonn* WILLIE *dá fhuarú féin arís. Féachann* WINNIE *níos grinne, léann*). Fully guaranteed ...

(*Stopann* WILLIE *dá fhuarú féin*) ... genuine pure ...

(*Sos. Tosaíonn* WILLIE *dá fhuarú féin arís. Leagann* WINNIE *síos an ghloine agus an scuab, tógann an naipcín as an gcabhail, baineann di na spéaclaí agus glanann iad, cuireann uirthi na spéaclaí, cuartaíonn an ghloine, piocann suas an ghloine agus glanann, leagann síos é, cuartaíonn an scuab, piocann suas an scuab agus glanann cos na scuaibe, leagann síos an scuab, cuireann an naipcín ar ais sa gcabhail, cuartaíonn an ghloine, piocann suas an ghloine, cuartaíonn an scuab, piocann suas an scuab agus scrúdaíonn cos na scuaibe thríd an ngloine*). Fully guaranteed …

(*Stopann* WILLIE *dá fhuarú féin*) … genuine pure …

(*Sos, tosaíonn* WILLIE *dá fhuarú féin arís*) … hog's …

(*Stopann* WILLIE *dá fhuarú féin, sos*) … setae …

(*Sos. Leagann* WINNIE *síos an ghloine agus an scuab, imíonn an nuachtán as amharc, baineann* WINNIE *di na spéaclaí, leagann síos iad, stánann amach chun tosaigh*). Hog's setae. Clúmhach collaí.

(*Sos*). Nach in é an rud is iontaí, nach n-imíonn lá –

(*meangadh*) le labhairt ar an sean-stíl –

(*meangadh múchta*) nach n-imíonn lá nach bhfoghlaimíonn duine rud eicínt dá shuaraí é, ach duine cur suas leis na pianta.

(*Feictear lámh* WILLIE *arís agus é i ngreim i gcárta poist, cárta a scrúdaíonn sé gar dá shúile*). Agus muna féidir cur suas leis na pianta ar chúis aisteach eicínt, bhuel níl le déanamh ach na súile a dhúnadh –

(*déanann sí sin*) agus fanacht le breacadh an lae –

(*osclaíonn a súile*) breacadh an lae sona nuair a leánn brothall mór an lae colainn an duine, nuair a bhíonn an tsíoraíocht ama ag gealach na hoíche.

(*Sos*). Mór an sólás an méid sin agus mé in ísle brí is in éad leis an ainmhí aineolach allta.

(*Ag casadh i dtreo* WILLIE). Tá súil a'm go bhfuil tú ag éisteacht –

(*Feiceann sí an cárta, cromann níos ísle*). Céard é sin atá ansin a'd, a Willie, nach 'spáinfidh tú dom é?

(*Síneann sí síos a lámh agus tugann* WILLIE *an cárta di. Bíonn géag gruaigeach* WILLIE *le feiceáil ardaithe os cionn na fána, fanann mar sin, a lámh fágtha oscailte aige réidh leis an gcárta a ghlacadh ar ais. Fanann sé mar sin nó go dtugtar ar ais dó é. Casann* WINNIE *ar ais chun tosaigh agus scrúdaíonn an cárta*). In ainm Dé, céard atá siad a dhéanamh?

(*Cuartaíonn sí na spéaclaí, cuireann uirthi iad agus scrúdaíonn an cárta*). Ní hea ach deargbhrocamas. Deargbhrocamas amach is amach!

(*Scrúdaíonn an cárta*). Chuirfeadh múisc ar aon duine a mbeadh meas aige air féin.

(*Corraíonn méara* WILLIE *go mífhoighneach. Cuartaíonn sí an ghloine mhéadaithe, piocann suas é agus scrúdaíonn an cárta thríd an ngloine. Sos fada*). Céard atá an créatúr sin sa gcúlra a dhéanamh, nó céard atá air?

(*Féachann níos grinne*). Ó, ná habair é!

(*Corraíonn méara* WILLIE *go mífhoighneach. Amharc fada amháin eile. Leagann sí síos an ghloine, beireann ar imeall an chárta idir a corrmhéar dheas agus a hordóg, iompaíonn a héadan uaidh, beireann ar a srón lena corrmhéar chlé agus a hordóg*). Huth!

(*Ligeann sí don chárta titim*). Croch leat é!

(*Imíonn lámh* WILLIE *as radharc. Ardaíonn a lámh arís ar an toirt agus an cárta i ngreim aige. Baineann* WINNIE *di na spéaclaí, leagann síos iad, stánann amach os a comhair. Le linn do na rudaí seo a leanas a bheith ag tarlú, leanann* WILLIE *air ag baint sult as an gcárta, é dá chasadh ó thaobh go taobh agus an cárta achar áirithe óna shúile*). Clúmhach collaí.

(*Í idir dhá chomhairle*). Ach céard é collach ar aon nós?

(*Sos. Do*). Cráin, tá fhios a'm céard é cráin, ach collach ...

(*Í níos cinnte di féin*). Á, bhuel, nach cuma sa tsioc, sin é a deirimse i gcónaí. Cuimhneoidh mé arís air. Sin é an rud is iontaí.

(*Sos*). Tiocfaidh an chuimhne ar ais, tiocfaidh? Ar fad?

(*Sos*). Bhuel, cuid de.

(*Meangadh*). Ach ní anois. Ní anois.

(*Meangadh múchta*). Ní baileach é.

(*Sos*). Cuid de.

(*Sos*). Tiocfaidh sé ar ais lá eicínt agus gan súil ar bith leis.

(*Sos*). Nach in é an rud is iontaí.

(*Sos. Casann sí i dtreo an mhála. Imíonn an lámh agus an cárta as amharc. Tosaíonn sí ag cuartú sa mála ach stopann*). Ní hea.

(*Casann sí ar ais chun tosaigh. Meangadh*). Ní hea, ní hea.

(*Meangadh múchta*). Go réidh, a Winnie.

(*Stánann sí ar ais chun tosaigh. Feictear lámh* WILLIE *arís, baineann sé de a hata, imíonn an lámh as amharc leis an hata*). Céard é féin mar sin?

(*Feictear an lámh arís, tógann sé an naipcín dá chloigeann, imíonn as amharc leis an naipcín. Ag labhairt go géar, amhail is dá mbeadh ag caint le duine nach dtugann aon aird uirthi*). Winnie!

(*Cromann* WILLIE *a cheann as amharc*). *Cén* rogha eile atá ann?

(*Sos*). *Cén* ro/

(*Séideann* WILLIE *a shrón os ard ar feadh tamaill fhada, a chloigeann is a lámh dofheicthe. Casann sise ina threo le breathnú air. Sos. Feictear cloigeann* WILLIE. *Sos. Feictear a lámh leis an naipcín, scarann sé ar a chloigeann é agus imíonn as amharc. Sos. Feictear an lámh leis an hata bádóra, cuireann sé ar a chloigeann é, é ar leathstuaic, imíonn as amharc. Sos*). Dá ligfinn duit codladh amach.

(*Casann sí ar ais chun tosaigh. Piocann sí sopanna féir ó thráth go chéile agus bíonn sé ag ardú agus ag ísliú a cloigeann le beocht a chur sa radharc a leanas*). Á, sea, dá bhféadfainn an lá a chaitheamh asam féin, a bheith ag cocaireacht liom is gan deoraí bheith ag éisteacht.

(*Sos*). Ní leis an méid a bheadh le rá a'm é, fiú dá gcloisfeá a leath, a Willie. Ní hé sin, beag an baol.

(*Sos*). Laethanta nach gcloiseann tú tada, is dóigh.

(*Sos*). Ach laethanta eile, freagraíonn tú mé.

(*Sos*). Séard atá mé ag iarraidh a rá, ná fiú nuair nach bhfreagraíonn tú mé, mar go mb'fhéidir nach gcloiseann tú tada, nó go gcloiseann tú corrfhocal de do bhuíochas, braithim nach ag caint liom féin atá mé mar nach gcuirfinn suas go deo leis a bheith scoite amach sa bhfiántas.

(*Sos*). Sin a thugann ugach dom coinneáil orm, coinneáil orm ag caint, atá i gceist a'm.

(*Sos*). Seachas dá bhfaighfeá bás –

(*Meangadh*) chun labhairt sa sean-stíl –

(*Meangadh múchta*) nó imeacht leat is mé a fhágáil, céard a dhéanfainn, céard a d'fhéadfainn a dhéanamh, ó mhaidin go hoíche. Ó chlog na maidine go cloigín na hoíche atá i gceist a'm?

(*Sos*). Ag stánadh amach romham, le liopaí teannta.

(*Sos fada le linn di a bheith á dhéanamh sin. Deireadh leis an bpiocadh*). Dheamhan focal eile nó go dtarraingeoidh mé an anáil dheireanach. Oiread is focal a bhrisfeadh an ciúnas anseo.

(*Sos*). Seachas anois is arís, b'fhéidir, corruair i bhfad ó chéile, osna os comhair an scátháin.

(*Sos*). Sin nó … nó scairtín gháire dá n-aimseoinn an sean-jóc arís.

(*Sos. Tagann meangadh ar a haghaidh, méadaíonn an meangadh agus leanann ar aghaidh ag méadú ionas go mbíonn an chosúlacht uirthi go mbíonn sí ar tí pléascadh ag gáire ach athraíonn sí a streill go tobann agus tagann dreach imníoch uirthi*). Mo ghruaig!

(*Sos*). Ar chíor mé mo ghruaig?

(*Sos*). B'fhéidir gur chíor.

(*Sos*). Cíoraim de ghnáth.

(*Sos*). Scáth ar féidir le duine a dhéanamh.

(*Sos*). Déanann duine a dhícheall.

(*Sos*). Gach ar féidir a dhéanamh.

(*Sos*). Nádúr an duine.

(*Tosaíonn sí ag scrúdú an cnocán, féachann suas*). Laige an duine.

(*Leanann sí ar aghaidh ag scrúdú an cnocán arís, féachann suas*). Laigí nádúrtha an duine daonna.

(*Téann i mbun scrúdaithe arís*). Ní fheicim aon chíor.

(*Scrúdaíonn*). Ná aon scuab.

(*Féachann sí suas. Dreach idir dhá chomhairle uirthi. Casann sí i dtreo an mhála, cuartaíonn sa mála*). Tá cíor anseo.

(*Féachann sí amach chun tosaigh. Dreach idir dhá chomhairle uirthi. Féachann ar ais i dtreo an mhála. Cuartaíonn*). An scuab ghruaige anseo.

(*Féachann ar ais chun tosaigh. Dreach idir dhá chomhairle uirthi*). B'fhéidir gur chuir mé ar ais iad nuair a bhí mé réidh leo.

(*Sos. Do*). Ach de ghnáth ní chuirim rudaí ar ais théis iad a úsáid ach fágaim ansin iad le cur ar ais le chéile ag deireadh an lae.

(*Meangadh*). Chun labhairt sa sean-stíl.

(*Sos*). Céad slán leis an sean-stíl.

(*Meangadh múchta*). Ach fós ... feictear dom ... go gcuimhním ...

(*Go tobann, ar nós cuma liom*). Á, bhuel, nach cuma sa tsioc, sin a deirimse i gcónaí. I dtigh diabhail é, beidh mé ag cíoradh mo ghruaig ar ball, níor baineadh tada as an lá –

(*Sos. Go mearbhlach*). Mo ghruaig?

(*Sos*). Ní hea?

(*Sos*). Mo chuid gruaige.

(*Sos*). Níl mé dá rá sin i gceart ar bhealach eicínt. Mo ghruaig. Mo chuid gruaige –

(*Sos. Ag casadh i dtreo* WILLIE *beagán*). Cén chaoi a ndéarfása é, a Willie, dá mbeifeá ag caint faoi do ghruaig – ?

(*Sos. Ag casadh beagán níos faide ina threo*). An ghruaig atá ar mhullach do chinn atá i gceist a'm.

(*Sos. Ag casadh beagán níos faide fós*). An ghruaig atá ar mhullach do chinn, a Willie, cén chaoi a ndéarfá é dá mbeifeá ag caint faoin ngruaig atá ar mhullach do chinn?

(*Sos fada*).

WILLIE: Mo chuid gruaige.

WINNIE (*Ag casadh ar ais chun tosaigh, go suáilceach*): Ó, tá tú ag caint liom inniu, déanfaidh sé lá sona inniu!

(*Sos. An suáilceas imithe*). Lá sona eile.

(*Sos*). Á, bhuel, cá raibh mé? Mo chuid gruaige, sea, ar ball. Beidh mé buíoch é a bheith a'm ar ball.

(*Sos*). Tá mo –

(*ardaíonn a lámha go dtí an hata*) mo hata, sea, tá mo hata orm –

(*íslíonn a lámha*). Ní fhéadfaidh mé é a bhaint díom anois.

(*Sos*). Nuair a chuimhneofá air go bhfuil amanta ann nuair nach féidir le duine a hata a bhaint de, fiú dá mba é lá deiridh an domhain é. Amanta nuair nach féidir le duine a hata a chur air, amanta nuair nach féidir hata a bhaint de.

(*Sos*). Cé mhéad uair é ráite a'm, cuir ort do hata anois, a Winnie, ná bíodh níos mó faoi, bain díot do hata anois, a Winnie, mar a dhéanfadh bean mhaith, déanfaidh sé maith duit, agus ní dhearna.

(*Sos*). Ní fhéadfadh?

(*Sos. Ardaíonn sí a lámh, tógann sí ribe gruaige, í á tharraingt óna hata, ardaíonn chuig a súil é, féachann air go fiarshúileach, ligeann leis is cuireann síos a lámha*). Órga, a thug tú air an lá úd, nuair a bhí an t-aoi deiridh imithe –

(*ardaíonn a lámh suas mar a bheadh ar tí sláinte duine a ól*) do chúl cinn órga … nár chailleadh …

(*tagann tocht ina glór*) nár chailleadh …

(*Cuireann síos a lamh. Íslíonn a cloigeann. Sos. Os íseal*). An lá úd.

(*Sos. Do*). Cén lá?

(*Sos. Ardaíonn a cloigeann. Gnáthghlór*). Céard anois?

(*Sos*). Cliseann focla, tá amanta ann agus cliseann na focla freisin.

(*Ag casadh i dtreo* WILLIE *beagán*). Nach mar sin é, a Willie?

(*Sos. Ag casadh beagán níos faide*). Nach mar sin é, a Willie, nach gcliseann na focla iad féin orainn, amanta.

(*Sos. Ag casadh ar ais chun tosaigh*). Céard is féidir le duine a dhéanamh go dtagann siad arís? A bheith ag cíoradh is ag slíocadh gruaige muna bhfuil déanta cheana, nó má tá amhras ar dhuine nach bhfuil déanta, na hingne a bhearradh más gá, caitheann a leithéidí sin an lá.

(*Sos*). Sin é atá i gceist a'm.

(*Sos*). Sin uile a bhfuil i gceist a'm.

(*Sos*). Nach in é an rud is iontaí, nach beag an ghaoth a shéideann –

(*meangadh*) chun labhairt sa sean-stíl –

(*meanagh múchta*) nach séideann beannacht eicínt –

(*Titeann* WILLIE *as a sheasamh taobh thiar den fhána, a chloigeann ag imeacht as amharc. Casann* WINNIE *ina threo de bharr an eachtra*). Faoi bhréagriocht.

(*Síneann sí siar agus síos í féin*). Gabh ar ais isteach i do phluais anois, a Willie, tá tú sách fada amuigh ansin.

(*Sos*). Glac mo chomhairle, a Willie, is ná bí sínte siar ansin ó chluas go drioball faoin mbrothall damanta seo, ar ais leat chuig do phluais.

(*Sos*). Gread leat anois, a Willie.

(*Tosaíonn* WILLIE, *nach bhfuil le feiceáil, ag lámhacán chuig a phluais*). Togha fir.

(*Coinníonn sise súil air agus é ag lámhacán*). Ní i ndiadh do chinn, a bhobarúin, cén chaoi a mbeidh tú in ann casadh timpeall?

(*Sos*). Sin é ... timpeall ar fad ... anois cúlaigh isteach.

(*Sos*). Ó, is maith atá 'fhios a'm nach bhfuil sé éasca, a stór, ag lámhacán in aghaidh do thóna, ach cúiteofar leat é lá eicínt.

(*Sos*). D'fhág tú an veasailín in do dhiaidh.

(*Bíonn sí ag faire air agus é ag lámhacán ar ais chun an veasailín a fháil*). An claibín!

(*Bíonn sí ag faire air agus é ag lámhacán ar ais chuig an bpluais. Go cantalach*). Ní i ndiaidh do chinn, a deirim leat!

(*Sos*). Ar dheis, tuilleadh.

(*Sos*). Ar *dheis*, a deirim.

(*Sos. Go cantalach*). Nach féidir leat do leath deiridh a choinneáil síos!

(*Sos*). Anois.

(*Sos*). Sin níos fearr!

(*Tugtar na treoracha sin ar fad amach os ard. Ina gnáthghlór ansin ach í fós casta timpeall ina threo*). An bhfuil tú in ann mé a chloisteáil?

(*Sos*). Achainí a'm ort, a Willie, is abair rud eicínt, má chloiseann tú mé, abair go gcloiseann má chloiseann nó muna gcloiseann ná habair tada.

(*Sos*).

WILLIE: Cloiseann.

WINNIE (*Ag casadh chun tosaigh, sa nglór céanna*): Agus anois?

WILLIE (*Go cantalach*): Cloiseann.

WINNIE (*Níos ísle*): Agus anois?

WILLIE (*Níos cantalaí*): Cloiseann.

WINNIE (*Níos ísle fós*): Agus anois?

(*Beagán níos airde*). Agus anois?

WILLIE (*Go fíochmhar*): Cloiseann!

WINNIE (*Sa nglór céanna*): Ná bíodh aon bheann agat feasta ar an mbrothall gréine.

(*Sos*). Ar chuala tú é sin?

WILLIE (*Go cantalach*): Chuala?

WINNIE (*Sa nglór céanna*): Céard?

(*Sos*). Céard?

WILLIE (*Níos cantalaí*): Ná bíodh aon bheann agat.

(*Sos*).

WINNIE (*Sa nglór céanna*): Céard eile?

(*Sos*). Ná bíodh aon bheann agat – céard?

WILLIE (*Go fíochmhar*): Ná bíodh aon bheann agat!

WINNIE (*I ngnáthghlór, ag plobaireacht*): Dia leat, a Willie, tá mé an-bhuíoch as do ghnaíúlacht, tuigim go maith go mbíonn sé dian ort, ach féadfaidh tú a bheith ar do sháimhín só anois, do scíth a ligean, ní chuirfidh mé isteach ná amach ort níos mó, muna dtagann orm, muna mbeidh mé i ndeireadh na feide ceart agus is ar éigean go dtarlóidh sé sin, níl ann ach gur maith liom fios a bheith a'm gur féidir leat mé a chloisteáil, go teoiriciúil sé sin, mar nach gcloiseann tú mé ná mórán dá ndeirim ar aon nós, ach fios a bheith a'm go bhfuil tú ansin in aice láimhe, is tú ar an airdeall, sin a bhfuil uaim, sin is gan tada a rá nach bhfuil mé ag iarraidh ort a chloisteáil, ná aon mhúisiam a chur ort, is mé a bheith ag cocaireacht liom ar mo bhionda, mar atá mé, ar aon nós, i ngan fhios dom féin, beagnach, agus rud eicínt a bheith do mo chreimeadh.

(*Sos le anáil a tharraingt*). Amhras.

(*Ardaíonn sí a corrmhéar agus a méar fhada agus leagann ar a croí, bogann sí timpeall iad, stopann*). Anseo.

(*Bogann beagán iad*). B'fhéidir.

(*Tógann anuas a lámh*). Á, níl aon amhras ann, ach tiocfaidh an t-am, go mbeidh orm a chinntiú gur chuala tú gach a raibh díreach ráite a'm sul má fhéadfas smid eile teacht as mo bhéal is ansin bí cinnte dearfa go dtiocfaidh am eicínt eile go gcaithfidh mé foghlaim … go gcaithfidh mé a bheith in ann caint liom féin, rud nach mbeadh ionam a dhéanamh choíche, seachrán sa bhfiántas.

(*Sos*). Nó stánadh amach romham le liopaí teannta.

(*Déanann sí sin*). An lá ar fad.

(*As stánadh arís. Liopaí*). Ní bheinn.

(*Meangadh*). Ní bheinn. Ní bheinn.

(*Meangadh múchta*). Tá an mála ann, dar ndóigh.

(*Casann ina threo*). Beidh an mála ann i gcónaí.

(*Casann ar ais chun tosaigh*). Sea, is dóigh é.

(*Sos*). Fiú agus tú imithe, a Willie.

(*Iompaíonn sí i dtreo* WILLIE *beagán*). Tá tú *ag* imeacht a Willie, nach bhfuil?

(*Sos. Níos airde*). *Beidh* tú ag imeacht go luath, a Willie, nach mbeidh?

(*Sos. Níos airde*). Willie!

(*Sos. Síneann sí siar í féin le féachaint síos air*). Agus tá do hata tuí caite díot a'd, sách críonna.

(*Sos*). Tú atá breá teolaí ag breathnú, caithfidh mé a rá, do smig i do bhosa a'd agus na seansúile gorma sin mar a bheadh dhá shásar ann le feiceáil sna scáilí.

(*Sos*). An bhfeiceann tú as sin mé, meastú?

(*Sos*). Meastú an bhfeiceann.

(*Casann sí ar ais chun tosaigh*). Ó, tuigim, nuair atá beirt cruinnithe i bhfochair a chéile –

(*de ghlór stadach*) ar an gcaoi seo –

(*gnáthghlór*) go bhféadfadh sé nach bhfeiceann an chéad duine an dara duine fiú má fheiceann an dara duine an chéad duine, mhúin an saol an méid sin dom … freisin.

(*Sos*). Sea, an saol is dóigh, níl aon fhocal eile ann.

(*Casann sí beagán ina threo*). Meastú an bhfeicfá mé, a Willie, ón áit ina bhfuil tú, dá mbreathnófá i mo threo?

(*Casann níos faide*). Ardaigh do shúile i mo threo, a Willie, go bhfeicfidh tú an bhfuil tú in ann mé a fheiceáil, déan an méid sin dom, sínfidh mise siar mé féin chomh fada agus atá mé in ann.

(*Déanann sin. Sos*). Níl?

(*Sos*). Ara, ná bac.

(*Casann ar ais chun tosaigh agus pian uirthi*). Tá an chré seo an-teanntaithe i mo thimpeall inniu, an bhféadfadh sé gur ag titim i bhfeoil atá mé, ná habair.

(*Sos. Go neamhairdiúil, a súile íslithe*). An brothall b'fhéidir.

(*Tosaíonn ag slíocadh is ag cuimilt an talamh*). Chuile rud ag at, rudaí áirithe níos mó ná chéile.

(*Sos. Ag slíocadh is ag cuimilt*). Níos lú ná chéile.

(*Sos. Do*). Ó, tá tuairim mhaith a'msa céard atá ag dul trí d'intinn, tá sé dona go leor go gcaithfear éisteacht leis an mbean úd, ach an gcaithfidh mé breathnú uirthi anois freisin.

(*Sos. Do*). Bhuel, thuigfinn an méid sin.

(*Sos. Do*). Go maith.

(*Sos. Do*). Shílfeá nach mórán atá duine a iarraidh, go deimhin cheapfá amanta nárbh fhéidir –

(*tagann tocht ina glór, ag éirí ina mhonabhar*) níos lú a iarraidh ar an gcréatúr is gaire duit – lena rá go séimh – cé, dála an scéil – nuair a smaoiníonn tú i gceart air – agus breathnú isteach in do chroí – an leath eile a fheiceáil – a dteastaíonn uaidh – suaimhneas – a bheith fágtha ar a shuaimhneas – ansin b'fhéidir, an ghealach– i gcaitheamh an ama seo ar fad – ar thóir na gealaí –

(*Sos. Go tobann stopann an lámh a bhí ag slíocadh go socair. Go spleodrach*). Ó, anois, anois, céard é seo atá anseo a'ainn?

(*Ag cromadh a cloiginn síos go dtí an talamh, cuma uirthi nach gcreideann sí é*). Beocht de chineál eicínt, shílfeá!

(*Cuartaíonn na spéaclaí, cuireann uirthi iad, cromann níos cóngaraí. Sos*). Seangán!

(*Tarraingíonn sí siar í féin. Go géar*). Seangán, a Willie, seangán beo beathach!

(*Beireann greim ar an ngloine mhéadaithe, cromann go dtí an talamh arís, scrúdaíonn thríd an ngloine*). Cá ndeachaigh sé?

(*Scrúdaíonn*). Ah!

(*Coinníonn sí súil ar an seangán agus é ag siúl ar an bhféar*). Mar a bheadh sé ag iompar máilín beag bán ar a ghuaillí.

(*Ag faire air. A lámh socair. Sos*). Imithe isteach.

(*Coinníonn sí uirthi ag stánadh ar an spota thríd an ngloine ar feadh tamaill, díríonn suas í féin ina dhiaidh sin, leagann síos an ghloine, baineann di na spéaclaí agus stánann amach os a comhair, na spéaclaí i ngreim aici. Faoi dheireadh*). 'Nós máilín beag bán.

(*Sos fada. Déanann sí comhartha go bhfuil sí ar tí na spéaclaí a leagan síos*).

WILLIE: Uibheacha.

WINNIE (*Ag déanamh comhartha sonrach*): Céard?

(*Sos*).

WILLIE: Uibheacha.

(*Sos. Comhartha go bhfuil sí ar tí na spéaclaí a leagan síos*).

WILLIE: Formication.

WINNIE (*Ag déanamh comhartha sonrach*): Céard?

(*Sos*).

WILLIE: Formication.

(*Sos. Leagann sí síos na spéaclaí, stánann amach os a comhair. Faoi dheireadh*).

WINNIE (*Ag monabhar*): Thiarna!

(*Sos. Gáireann* WILLIE *go ciúin. Théis tamall, tosaíonn sise ag gáire chomh maith. Iad ag gáire le chéile go ciúin. Stopann* WILLIE. *Í ag gáire ina haonar ar feadh tamaill. Tosaíonn* WILLIE *ag gáire. Iad ag gáire in éineacht arís. Stopann sise. É ag gáire ina aonar ar feadh tamaill. Stopann sé. Sos. Gnáthghlór*). Á, bhuel ar a laghad nach mór an spóirt é do scairt gháire a chloisteáil arís, a Willie, mé cinnte nach gcloisfinn choíche é, nach ndéanfá gáire.

(*Sos*). Is dóigh go bhfuil daoine ann a cheapfadh go bhfuil muid beagáinín fonóideach, ach ní cheapfainn é.

(*Sos*). Nach é an t-ómós is mó a d'fhéadfadh duine a thabhairt do Rí mór na Glóire ná a bheith ag sciotraíl gháire leis faoina chuid jócanna, go háirithe na jócanna beaga bacacha?

(*Sos*). Thiocfá liom sa méid sin, a Willie, déarfainn.

(*Sos*). Nó meastú nach rud eicínt eile ar fad a bhí ar d'intinnse.

(*Sos*). Ó, bhuel, nach cuma sa tsioc, sin a deirimse i gcónaí, chomh fada agus go bhfuil duine … tá fhios a'd … ó, céard é an líne iontach sin …

(*Sos*) ag pléascadh gáire … rud eicínt, rud eicínt … ag pléascadh gáire in iomar na haimléise.

(*Sos*). Agus anois?

(*Sos fada*). An raibh sé éasca mé a ghráú, tráth den tsaol, a Willie?

(*Sos*). An raibh mé éasca le gráú riamh?

(*Sos*). Ná bain míbhrí as mo cheist, ní raibh mé ag fiafraí díot an raibh tú i ngrá liom, sin seanscéal agus meirg air, ag fiafrú díot an raibh sé éasca duit mé a ghráú atá mé – tráth den saol.

(*Sos*). Ní raibh?

(*Sos*). Ní féidir leat?

(*Sos*). Bhuel, caithfidh mé a admháil nach bhfuil mé ach ag piocadh ort. Agus tá níos mó ná do chion féin déanta cheana a'd go ceann tamaill ar aon nós, sín siar ansin duit féin agus lig do scíth, ní chuirfidh mé isteach ná amach ort níos mó muna dtiocfaidh an crú ar an tairne. Is leor dom fios a bheith a'm go bhfuil tú in aice láimhe ansin, is tú cineáilín airdeallach … neamh ar talamh.

(*Sos*). Píosa maith bainte as an lá faoi seo.

(*Meangadh*). Le labhairt sa sean-stíl.

(*Meangadh múchta*). Beagán ró-luath fós le amhrán a chrochadh suas.

(*Sos*). Botún mór a bheadh ann tosú ag gabháil fhoinn ró-luath sa lá, creidim.

(*Ag casadh i dtreo an mhála*). Agus tá an mála ann, dar ndóigh.

(*Ag breathnú ar an mála*). An mála.

(*Ar ais chun tosaigh*). An mbeinn in ann gach rud dá bhfuil istigh ann a liostáil?

(*Sos*). Ní bheinn.

(*Sos*). Dá dtiocfadh duine eicínt cineálta an bealach agus ceist a chur orm, céard atá istigh sa mála mór dubh sin a'd, a Winnie, inis dom anois is ná fág rud ar bith ar lár, an mbeinn in ann?

(*Sos*). Ní bheinn.

(*Sos*). Gach a bhfuil thíos i dtóin an mhála ar aon nós, cá bhfios cén seod.

(*Sos*). Cén sólás.

(*Iompaíonn le breathnú ar an mála*). Sea, tá an mála ann.

(*Ar ais chun tosaigh*). Ach tá rud eicínt ag rá liom, ná bí ag brath ró-mhór ar an mála, a Winnie, is maith ann é ... ó lá go lá, nuair a thagann an crú ar an tairne, ach ... breathnaigh romhat, tá rud eicínt á rá liom, breathnaigh romhat, a Winnie, go dtí an lá a gcliseann na focla –

(*dúnann sí a súile, sos, osclaíonn iad*) agus ná bí ag brath ró-mhór ar an mála.

(*Sos. Iompaíonn sí le breathnú ar an mála*). Mo lámh a shacadh síos ann de sciotán, ar feadh soicindín amháin b'fhéidir.

(*Casann sí ar ais chun tosaigh, dúnann a súile, cuireann amach a géag chlé, tumann a lámh síos sa mála agus tógann gunnán amach. Déistin uirthi*). Tusa arís!

(*Osclaíonn sí a súile, ardaíonn an gunnán chun tosaigh agus scrúdaíonn é. Meánn sí ina bos é*). Cheapfá ón meáchan atá sa rud seo go mbeadh sé tite síos … tite síos go tóin poill. Ach níl. Níor thit. I mbéal an mhála, beagnach, ar nós Browning.

(*Sos*). Brownie …

(*Ag casadh i dtreo* WILLIE *beagán*). An cuimhneach leat Brownie, a Willie?

(*Sos*). An cuimhneach leat an chaoi a mbíteá go síoraí á rá liom é thógáil uait. Croch leat é, a Winnie, croch leat chun bealaigh é sul má chuirfeas mé deireadh le mo chuid ainnise!

(*Ar ais chun tosaigh. Go fonóideach*). Do chuid ainnise!

(*Leis an ngunnán*). Ó, is dóigh gur sólás eicínt dom é fios a bheith a'm go bhfuil tú ansin, ach táim tuirseach díot.

(*Sos*). Fágfaidh mé ar leataobh tú, sin é a dhéanfas mé.

(*Leagann sí an gunnán síos ar an talamh ar thaobh a láimhe deise*). Anois, sin é do áitse feasta.

(*Meangadh*). An sean-stíl!

(*Meangadh múchta*). Agus anois?

(*Sos fada*). An bhfuil an domhantharraingt mar a bhíodh, a Willie? Ní shílím é.

(*Sos*). Sea, an mothúchán sin ag méadú, murach mé a bheith i bhfostú –

(*mar a bheadh ag déanamh iarracht cor a bhaint aisti féin*) ar an gcaoi seo, bheinn in ann dul ar foluain suas i ngoirme na spéire.

(*Sos*). Lá eicínt b'fhéidir go ngéillfeadh an chré agus go ligfeadh dom imeacht, tá an tarraingt chomh láidir sin, tá sin, ionas go bhféadfadh an chré scoilteadh i mo thimpeall agus ligean liom.

(*Sos*). Nach mothaíonn tusa mar sin riamh, a Willie, mar a bheifeá do do shú suas?

(*Sos*). Nach mbíonn ort greim an fhir bháite a choinneáil ar rud eicínt amanta, a Willie?

(*Sos. Casann sí ina threo beagán*). Willie.

(*Sos*).

WILLIE: Do mo shú suas?

WINNIE: Sea, a stór, suas sa spéir ghorm, mar a bheadh dá tharraingt suas ann ar théad damhán alla.

(*Sos*). Nach mothaíonn tú?

(*Sos*). Ní mhothaíonn?

(*Sos*). Á, bhuel, nádúr an tsaoil, nádúr an tsaoil. Ar nós chuile shórt eile is dóigh, braitheann sé uilig ar cén créatúr atá i gceist. Ó mo thaobhsa, ní fhéadfainn a rá ach nach bhfuil mé mar a bhí agus mé i mbláth m'óige ... beagáinín amaideach b'fhéidir ...

(*idir dhá chomhairle, a cloigeann íslithe*) slachtmhar ... seans maith ... dathúil ... ar bhealach ... le breathnú orm.

(*Sos. Ardaíonn sí a cloigeann*). Maith dom é, a Willie, tagann brón is buairt in ualaí orm.

(*Gnáthghlór*). Á, bhuel, is mór an sólás dom ar aon nós fios a bheith a'm go bhfuil tú ansin, mar a bhíonn i gcónaí, agus tú i do dhúiseacht seans, ag éisteacht le chuile fhocal uaim, b'fhéidir, nó focal anseo is ansiúd ar a laghad, a leithéid de lá sona domsa ... b'in a bheas ann.

(*Sos*). Go dtí seo.

(*Sos*). Nach mór an grá Dia nach bhfuil tada ag fás, cuir i gcás dá dtosódh an stuf seo ar fad ag fás.

(*Sos*). Cuir i gcás.

(*Sos*). Á sea, mórthrócairí.

(*Sos fada*). Nílim in ann níos mó a rá.

(*Sos*). Faoi láthair.

(*Sos. Iompaíonn sí le breathnú ar an mála. Iompaíonn ar ais chun tosaigh. Meangadh*). Ní hea. Ní hea.

(*Meangadh múchta. Breathnaíonn sí ar an bparasól*). B'fhéidir go bhfuil sé –

(*piocann suas an parasól*) sea, bhí sé chomh maith ... é seo a ardú suas anois.

(*Tosaíonn sí á oscailt. Tá an chaint seo a leanas stadach de bharr na ndeacrachtaí meicniúla a bhfuil sí ag streachailt leo agus í ag iarraidh an parasól a oscailt, ach sáraíonn sí iad*). Bíonn duine ag cur rudaí ar an méar fhada – an mhéar fhada i gcónaí – ar fhaitíos go gcuirfeadh in airde ró-luath – agus bíonn an lá caite – bíonn – gan do ... a bheith curtha suas ag duine – beag ná mór.

(*Tá an parasól oscailte go hiomlán anois. Agus í ag iompú ar dheis, tosaíonn sí á luascadh thart*). Á, sea, gan mórán le rá, gan mórán le déanamh, agus laethanta áirithe an scanradh chomh mór go dtuigfeá ... nach bhfuil tada le déanamh agus ... uaireanta an chloig fós fágtha, sul má bhuailtear cloigín na hoíche, agus gan focal eile le rá, gan smeach eile le déanamh. Imíonn an lá, imíonn laethanta áirithe thart, buaileann an cloigín is gan tada mórán ráite, is gan tada déanta.

(*Ag ardú an parasól*). Sin an chontúirt.

(*Ag casadh chun tosaigh*). A chaithfear a sheachaint.

(*Stánann sí amach chun tosaigh, ag ardú an parasól lena lámh dheas. Sos fíor-fhada*). Bhínn ag cur allais as éadan.

(*Sos*). Bhínn. Ar éigean go silim deoir allais anois.

(*Sos*). An teas éirithe níos láidre.

(*Sos*). M'allas ag laghdú.

(*Sos*). Sin an rud is iontaí.

(*Sos*). 'Chaoi gcuireann duine é féin in oiriúint.

(*Sos*). Ag athrú le cúinsí an tsaoil.

(*Athraíonn sí an parasól go dtína lámh chlé. Sos fada*). Tuirsíonn sé an lámh a bheith dá choinneáil crochta mar seo.

(*Sos*). Ní hionann is dá mbeadh duine ag siúl leis.

(*Sos*). Nuair atá duine sa spota céanna.

(*Sos*). Nach in anois sách aisteach.

(*Sos*). Súil a'm gur chuala tú é sin, a Willie, nó ghoillfeadh sé orm a cheapadh nár chuala.

(*Tógann sí an parasól ina dhá lámh. Sos fada*). Tuirseach dá choinneáil crochta ach níl mé in ann é a leagan síos.

(*Sos*). Níos measa as agus é crochta suas a'm ná mar a bheinn dá mbeadh sé leagtha síos le mo thaobh, agus ní féidir liom é a leagan síos.

(*Sos*). Leag síos é, a Winnie, má tá spré céille ar bith a'd, ní hé do leas é a bheith mar atá sé, leag síos é agus tabhair d'aghaidh ar rud eicínt eile.

(*Sos*). Ní féidir liom.

(*Sos*). Níl mé in ann corraí.

(*Sos*). Nílim. Caithfidh rud eicínt tarlú sa saol mór, athrú eicínt chun leanacht ar aghaidh.

(*Sos*). Willie.

(*Go séimh*). Cúnamh.

(*Sos*). Ní thabharfaidh?

(*Sos*). Ordaigh dom é a leagan síos, a Willie, agus géillfidh mé duit ar iompú boise, mar a rinne mé riamh go humhal urramach.

(*Sos*). Más é do thoil é, a Willie.

(*Go séimh*). As ucht Dé ort.

(*Sos*). Níl ordóidh tú dom?

(*Sos*). Níl tú in ann?

(*Sos*). Bhuel, níl aon mhilleán a'm ort, ba shuarach an mhaise domsa é, nach bhfuil in ann corraí aon mhilleán a chur ar mo Willie-sa nach bhfuil in ann labhairt.

(*Sos*). Tá an chaint tagtha ar ais arís a'm, ádhúil go leor.

(*Sos*). Nach in é an rud is iontaí faoin dá lampa atá agam. Nuair a mhúchann ceann lasann an ceann eile suas ina bhladhm.

(*Sos*). Ó, sea go deimhin, mórthrócaire.

(*Sos fíor-fhada. Lasann an parasól. Deatach, lasracha más indéanta. Í ag smúrthacht, breathnaíonn suas, caitheann an parasól uaithi ar dheis taobh thiar den chnocán, síneann siar í féin le breathnú ar an tine. Sos*). Ó, a chré, a mhúchtóir na beatha.

(*Ar ais chun tosaigh*). Táim cinnte gur tharla a leithéid seo cheana, cé nach féidir liom cuimhneamh ar aon ócáid faoi leith.

(*Sos*). An féidir leatsa, a Willie?

(*Casann sí ina threo beagán*). An cuimhneach leat gur tharla a leithéid seo cheana?

(*Sos. Síneann sí siar í féin le breathnú air*). An bhfuil 'fhios a'd céard a tharla, a Willie?

(*Sos*). Tú théis éalú uaim arís?

(*Sos*). Nílim ag fiafraí díot an bhfuil tú eolach ar a bhfuil ag tarlú, nílim ach ag fiafraí díot an bhfuil tú ansin nó nach bhfuil?

(*Sos*). Shílfeá go bhfuil do shúile dúnta a'd, ach ní bhacfainn leis sin.

(*Sos*). Ardaigh do mhéar, a stór, más é do thoil é, má tá aon mhothú ionat.

(*Sos*). Déan an méid sin dom, a Willie, más é do thoil é, fiú do laidhricín, ardaigh í, má tá dé ar bith ionat.

(*Sos. Go háthasach*). Ó, na chúig mhéar le chéile, tá tú i do dhóithín inniu, tá sin, anois féadfaidh mé coinneáil orm saor ó imní.

(*Ar ais chun tosaigh*). Sea, cibé rud a tharla nó a ceapadh a tharla cheana, agus fós … níl mé cinnte, sea admhaím nach bhfuil mé cinnte.

(*Sos*). An lá ina bhrothall is an teas mór marbhánta ag méadú in aghaidh na huaire, nach bhfuil sé nádúrtha go lasfadh sé mar sin, fiú muna tharla a leithéid riamh cheana, go ngabhfadh rud trí thine uaidh féin atá i gceist a'm.

(*Sos*). Nach mb'fhéidir go leáfadh an teas mór seo mé féin sa deireadh, gur dóite a bheinn, ó ní dul trí thine ina lasrachaí atá i gceist a'm ach mé a bheith dá loisceadh ag an ngrian lá i ndiaidh lae nó go dtiocfadh an t-am nach mbeadh ionam ach smiochóid bheag dubh … é seo ar fad –

(*déanann sí comhartha áibhéalta lena géaga*) an cholainn bheo seo.

(*Sos*). Ar an taobh eile den scéal ar chleacht mé riamh ar a bheith tomhaiste.

(*Sos*). Níor chleacht.

(*Sos*). Nuair a labhraím ar a bheith tomhaiste agus an saol marfach, níl iontu ach focla le gaoth.

(*Sos*). Táim ag caint faoin am nuair nach raibh an bhail seo orm – nuair a bhí dhá chos fúm, cead coise a'm agus mé in ann dul isteach ar an bhfoscadh cosúil leatsa nuair a bhínn tuirseach de bhrothall an lae, nó dul amach ar thóir na gréine nuair a bhínn tuirseach istigh ar an bhfoscadh. Ach níl ann ach focla le gaoth.

(*Sos*). Níl sé níos teocha inniu ná mar a bhí inné, agus ní bheidh an lá amárach tada níos teocha ná an lá inniu, cén chaoi a bhféadfadh sé a bheith, agus mar sin de siar sna bliana chomh fada siar is atá siar ann, agus amach romhainn chomh fada céanna sna blianta atá le theacht.

(*Sos*). Agus má thagann an lá go gclúdaíonn an chré seo mo chuid cíocha, ní bheidh mo chuid cíocha feicthe choíche a'm, ní bheidh mo chuid cíocha feicthe ag aon duine riamh.

(*Sos*). Tá súil a'm gur chuala tú cuid den chaint sin, a Willie, bheadh díomá orm a cheapadh nár chuala tú smid di, ní hé chuile lá a mbíonn mo chuid cainte chomh beo bríomhar seo.

(*Sos*). Sea, is cosúil go bhfuil rud eicínt théis tarlú, is cosúil gur tharla rud eicínt agus níor tharla tada, tada ar bith beo, tá an ceart a'd, a Willie.

(*Sos*). Beidh an scáth gréine ansin arís amárach, le mo thaobh ar an gcnocán seo, le cúnamh a thabhairt dom an lá a chaitheamh.

(*Sos. Piocann sí suas an scáthán*). Piocaim suas an ghloine bheag seo, agus déanaim smidiríní di ar chloch –

(*déanann sí sin*) caithim uaim í –

(*caitheann sí siar i bhfad uaithi é*) beidh sé istigh sa mála arís amárach, gan oiread agus scoilt air, chun an lá a ghiorrú dom.

(*Sos*). Sea, ní féidir le duine tada a dhéanamh.

(*Sos*). Nach in é an rud is iontaí, an chaoi a bhfuil rudaí ...

(*tagann tocht ina glór, íslíonn a cloigeann*) ... rudaí ... chomh hiontach.

(*Sos fada, a cloigeann íslithe. Casann i dtreo an mhála faoi dheireadh, í cromtha fós, tógann amach nithe beaga do-aitheanta as is sacann isteach arís iad, cartann níos doimhne, tógann ceolbhosca amach, windeálann sí suas é, casann air é, éisteann ar feadh tamaill, í á choinneáil ina dhá lámh agus í cromtha os a chionn, casann sí ar ais chun tosaigh, díríonn í féin agus í ag éisteacht leis an bhfonn, coinníonn an bosca gar dá brollach lena dhá lámh. Seinneann an bosca an Dísréad Válsa* 'I love you so' *ó* The Merry Widow. *Tagann dreach sona uirthi de réir a chéile. Tá sí ag luascadh leis an rithim. Stopann an ceol. Sos. Tagann maidhm tobann do phort béil slóchtach – fonn an cheolbhosca – ó* WILLIE. *Méadaíonn an sonas ar a haghaidh. Leagann sí síos an bosca*). Ó, is lá sona a bheadh ann!

(*Buaileann sí a bosa ar a chéile*). Arís, a Willie, croch suas é!

(*Buaileann bos*). Glaoch ar ais, a Willie, más é do thoil é!

(*Sos. Dreach sona múchta*). Ní dhéanfaidh? Ní dhéanfaidh tú an méid sin dom?

(*Sos*). Á, bhuel, tuigim go maith, tuigim go maith. Ní haon mhaith do dhuine amhrán a chrochadh suas ar mhaithe le duine eicínt eile a shásamh is cuma cé chomh mór is atá duine i ngrá leis an duine sin, sea ní haon mhaith sin, caithfidh amhrán a theacht amach ón gcroí, sin a deirimse i gcónaí, caithfidh amhrán a theacht aníos ó íochtar an chroí, ar nós ceol an smólaigh.

(*Sos*). Nach bhfuil mo theanga caite a'm dá rá sna huaireanta marfacha, abair amhrán anois, a Winnie, abair d'amhrán, ní féidir tada eile a dhéanamh, ach ní dhearna.

(*Sos*). Ní fhéadfainn.

(*Sos*). Cén chaoi a bhféadfainnse a bheith mar smólach ann ag giolcaireacht liom ar nós éanlaith na maidine nuair nach dtiocfadh aon mhaith as dom féin ná d'aon duine eile.

(*Sos*). Agus anois?

(*Sos fada. Os íseal*). Mothúchán aisteach.

(*Sos. Do*). An mothúchán aisteach sin go bhfuil duine eicínt ag breathnú orm, bím cinnte de, is ansin tagann doiléire eicínt, is bíonn imithe. Éiríonn soiléir aríst ansin agus mar sin de, an siar is aniar seasta seo a bhíonn in m'intinn, é creidte a'm go bhfuil súile daonna ag stánadh orm.

(*Sos. Do*). Aisteach?

(*Sos. Do*). Ach nach bhfuil chuile ní beo aisteach anseo.

(*Sos. Gnáthghlór*). Cloisim cogar eicínt i mo chluas. Stop ag caint anois, a Winnie, ar feadh nóiméad amháin tá do dhóthain rámhaillítí déanta a'd d'aon lá amháin, stop ag caint agus déan rud eicínt.

(*Ardaíonn sí a lámha dá gcoinneál oscailte os comhair a súile. Go tobann impíoch*). Déan rud eicínt!

(*Dúnann sí a lámha*). A leithéid de chrúba!

(*Casann sí i dtreo an mhála, cartann thíos ann, tógann líomhán ingne amach faoi dheireadh, casann ar ais chun tosaigh agus tosaíonn ag líomhadh a hingne. Líomhann ar feadh tamaill gan focal aisti, agus tá an chaint seo a leanas stadach ag an líomhadh*). Feicim iad ag fánaíocht trí m'intinn – an Mr. Shower seo – agus nach in í a bhean chéile, Mrs. Shower, atá in éineacht leis – ó ní hí – tá siad i ngreim láimhe ina chéile – a chailín mar sin seans – nó – nó leannán eicínt eile.

(*Féachann níos grinne ar a hingne*). An-bhriosc inniu.

(*Tosaíonn ag líomhadh arís*). Shower – Shower – an cuimhneach leatsa aon duine den ainm sin, a Willie – an musclaíonn sé aon chuimhní, i'd intinn-sa atá i gceist a'm, a Willie – níl aon chall duit mé a fhreagairt muna musclaíonn – do chomhairle féin – tá do – do chion – déanta cheana a'd – Shower – Shower. (*Scrúdaíonn ingne líofa*). Sin níos fearr.

(*Ardaíonn a ceann, stánann amach chun tosaigh*). Shower – Sea – Shower.

(*Sos. Tosaíonn ag líomhadh arís*). Cuir smais eicínt ort, a Winnie, sin a deirimse i gcónaí, is cuma céard a tharlaíonn, cuir smais eicínt ort féin.

(*Stopann ag líomhadh, ardaíonn a ceann, stánann amach chun tosaigh, sos*). Sea – Shower – Shower –

(*ag casadh i dtreo* WILLIE *beagán*) nó Cooker, b'fhéidir, ba cheart dom a rá, Cooker.

(*Sos. Casann beagán níos faide ina threo. Níos airde*). Cooker, a Willie, an cuimhneach leatsa aon Cooker?

(*Sos. Síneann sí siar í féin le breathnú air. Sos*). Cooker, a Willie, an gcuireann an t-ainm sin aon duine i gcuimhne duit, Cooker?

(*Sos*). Ó, dáiríre!

(*Sos*). Nach bhfuil aon naipcín a'd, a stór?

(*Sos*). Cár fhág tú do chuid leochaileachta?

(*Sos*). Ó, a Willie, níl tú dá ithe! Caith amach as do bhéal é, caith amach é!

(*Sos. Ar ais chun tosaigh*). Á, bhuel, is dóigh nach bhfuil sé ach nádúrtha.

(*Tagann tocht ina glór*). Daonna.

(*Sos. Do*). Céard is feidir *le duine* a dhéanamh?

(*Íslíonn a cloigeann. Do*). Ó mhaidin go hoíche.

(*Sos. Do*). Lá i ndiaidh lae.

(*Sos. Ardaíonn a cloigeann. Meangadh. Go suaimhneach*). An sean-stíl!

(*Meangadh múchta. Tosaíonn ag líomhadh a hingne arís*). Ó, nach bhfuil an ceann sin déanta a'm.

(*Téann ar aghaidh chuig an gcéad ionga eile*). Bhí a'm mo chuid spéacláirí a bheith curtha orm a'm.

(*Sos*). Ró-dheireanach anois.

(*Críochnaíonn an lámh chlé, scrúdaíonn í*). Níos daonna, beagán.

(*Tosaíonn ag líomhadh ingne na láimhe deise. Bíonn an chaint seo a leanas stadach mar a bhí cheana*). Bhuel, ar aon nós – an fear seo. Mr. Shower – nó Cooker – is cuma cé acu – agus an bhean – lámh ar láimh – málaí sna lámha eile – cineál málaí móra donna – iad ina seasamh ansin ag stánadh orm – agus ar deireadh thiar, an fear seo Shower – nó Cooker – críochnaíonn sé le '-er' ar aon nós – chuirfinn mo léine air – céard atá sí siúd a dhéanamh? a deireann sé – Cén fáth sa diabhal? a deireann sé – í báite sa mbloody créafóg sin suas go dtí an dá dhide – boc garbh – Cén bhrí atá leis sin? a deireann sé – Cén chiall atá ceaptha a bheith leis seo? – agus mar sin de – agus neart eile cainte den chineál sin – an raiméis chéanna – An gcloiseann tú mé?, a deireann sé – cloiseann, a deireann sise, go bhfóire Dia orm – Céard atá i gceist a'd, a deireann sé, go bhfóire Dia ort?

(*Stopann ag líomhadh, ardaíonn a ceann, stánann amach chun tosaigh*). Agus tusa, a deireann sise, cén bhrí atá leatsa a deireann sise … cén chiall atá leatsa? An mar gheall ar go bhfuil tusa in ann seasamh suas ar do dhá chos fós agus go bhfuil do sheandheilín lán le salachar puitigh agus drárannaí glana agus tú a bheith do mo tharraingtse suas agus anuas tríd an bhfiántas craicinn seo, raicleach, an dá mhar a chéile –

(*le neart tobann*) lig liom, lig le mo lámh agus gread leat in ainm Dé, gread leat!

(*Sos. Tosaíonn ag líomhadh arís*). Cén fáth nach gcartann sé amach í? a deireann sé – é ag tagairt duitse, a stór – Cén mhaith dó í agus í i bhfostú ansin? – Cén mhaith atá ann dise, agus í sa stáid sin? – agus mar sin di – an ghnáthsheafóid – Cén mhaith! a deireann sí, nach bhfuil croí ar bith ionat in ainm Dé – Cart amach í, a deireann sé, cart amach as í, níl ciall ná réasún léi agus í mar atá sí, greamaithe mar sin – Cé leis a gcartfaidh mé amach í, a deireann sí – Chartfainnse amach le mo dhá lámh í, a deireann sé – chaithfeadh sé gur fear agus a – bhean chéile a bhí iontu.

(*Líomhann gan focal aisti*). An chéad rud eile – tá siad glanta leo – lámh ar láimh – agus na málaí – ag dul i léig – imithe ar fad ansin – na daoine daonna strae deiridh – a casadh an bealach seo.

(*Críochnaíonn sí a lámh dheas, scrúdaíonn í, leagann síos an líomhán, stánann amach chun tosaigh*). Nach aisteach na rudaí, a bhíonn ag fánaíocht isteach is amach trí m'intinn ag tráth mar seo.

(*Sos*). Aisteach?

(*Sos*). Ach nach bhfuil chuile ní beo aisteach anseo.

(*Sos*). Bíodh muid buíoch as an méid sin féin.

(*Tagann tocht ina glór*). Thar a bheith buíoch.

(*Íslíonn a cloigeann. Sos. Ardaíonn a cloigeann. Go suaimhneach*). Umhlaigh do cheann agus ansin ardaigh suas é, sea, umhlaigh agus ardaigh, sin é é i gcónaí.

(*Sos*). Agus anois?

(*Sos fada. Tosaíonn sí ag cur na rudaí ar ais sa mála, an scuab fiacla ar deireadh. Déanann sí sin sna sosanna beaga sa gcomhrá seo a leanas*). B'fhéidir go bhfuil sé beagáinín luath – ullmhú i gcomhair – i gcomhair na hoíche –

(*stopann sí ag pointeáil na háite, ardaíonn a cloigeann, meangadh*) an sean-stíl!

(*Meangadh múchta, tosaíonn ag pointeáil arís*). Agus ainneoin chuile shórt – réitím mé féin don oíche – nuair a bhraithim ag titim í – cloigín na hoíche ar tí bualadh – mé ag rá liom féin – a Winnie – ní bheidh sé i bhfad anois, a Winnie – go mbuailfidh cloigín na hoíche.

(*Stopann ag pointeáil, ardaíonn a cloigeann*). Bíonn dul amú orm amanta.

(*Meangadh*). Ach corruair é.

(*Meangadh múchta*). Amanta, bíonn cúraimí an lae curtha díom agam, chuile ní déanta, chuile rud ráite, réidh don oíche, agus ní bhíonn an lá caite, ná baol air a bheith caite, gan an oíche tagtha beag ná mór, ná baol uirthi, baol ar bith uirthi a bheith tagtha.

(*Meangadh*). Ach corruair é.

(*Meangadh múchta*). Cloigín na hoíche, sea, nuair a cheapaim go mbíonn sé ar tí bualadh agus é in am réiteach i gcomhair na hoíche –

(*cuireann gothaí uirthi féin*) bíonn dul amú orm amanta –

(*meangadh*) ach corruair é.

(*Meangadh múchta. Tosaíonn sí ag pointeáil arís*). Bhínn ag smaoineamh – bhínn ag smaoineamh, a deirim, – go bhféadfadh na rudaí seo ar fad – a bheith curtha ar ais sa mála – dá mbeidís curtha ar ais sa mála ró-luath – go bhféadfaí iad a thógáil amach aríst – dá gcaithfí – dá dteastóidís – agus mar sin de – go Lá Philib an Chleite – isteach sa mála – amach as an mála – nó go mbuailfí – go mbuailfí an cloigín.

(*Stopann ag pointeáil, ardaíonn a cloigeann, meangadh*). Ach ní féidir.

(*Meangadh níos mó*). Ní fhéadfaí, ní fhéadfaí.

(*Meangadh múchta. Tosaíonn ag pointeáil arís*). Is dóigh go bhféadfadh sé – go gceapfá go bhféadfadh sé go bhfuil sé seo aisteach – cén chaoi a ndéarfaidh mé é – an rud atá ráite a'm – sea –

(*piocann suas an gunnán*) aisteach – (*iompaíonn chun an gunnán a chur sa mála*) murach go –

(*bíonn sí ar tí an gunnán a chur sa mála ach stopann agus casann ar ais chun tosaigh*) murach go –

(*leagann sí síos an gunnán ar thaobh a láimhe deise, stopann ag pointeáil, ardaíonn a cloigeann*) bhfuil chuile rud chomh haisteach.

(*Sos*). Thar a bheith aisteach.

(*Sos*). Gan aon athrú choíche.

(*Sos*). Ag éirí níos aistí agus níos aistí fós.

(*Sos. Cromann sí os cionn an chnocáin arís, piocann suas an rud deiridh, .i. an scuab fiacla, agus iompaíonn lena cur sa mála nuair a chuireann* WILLIE *isteach uirthi trí thorann a dhéanamh a tharraingíonn a haird air. Síneann sí siar í féin ar dheis lena fheiceáil. Sos*). Tú tuirseach istigh in do phluais, a stór?

(*Sos*). Bhuel, thuigfinn an méid sin.

(*Sos*). Ná déan dearmad ar do hata tuí.

(*Sos*). Ní mórán de lámhacánaí anois tú –

(*Sos*). Beag an baol, ní thusa an lámhacánaí lenar thit mé i mullach mo chinn i ngrá.

(*Sos*). Bain cor as na lámha agus na glúine, a stór, as na lámha agus na glúine.

(*Sos*). Na glúine! Na glúine!

(*Sos*). A leithéid de mhallacht a bheith luaineach.

(*Bíonn sí ag faire air agus é ag lámhacán ina treo taobh thiar den chnocán, .i. go dtí an áit a raibh sé ag tús an ghnímh*). Coisméig amháin eile, a Willie, agus beidh ceann scríbe bainte amach a'd.

(*Sos agus í ag faire ar an gcoismeig deireanach*). Á!

(*Casann sí ar ais chun tosaigh le dua, cuimlíonn a muineál*). Tá camreilig i mo mhuineál, ag tabhairt suntais do do bhreáthacht.

(*Cuimlíonn a muineál*). Ach b'fhiú é, b'fhiú uilig é.

(*Ag casadh ina threo beagán*). An bhfuil 'fhios a'd cé air a mbím ag brionglóidí amanta?

(*Sos*). Na brionglóidí a bhíonn a'm amanta, a Willie.

(*Sos*). Go dtiocfá anall anseo, áit a mbeinn in ann tú a fheiceáil.

(*Sos. Ar ais chun tosaigh*). Bean eile a bheadh ionam.

(*Sos*). Ní aithneofaí mé.

(*Ag casadh ina threo beagán*). Nó fiú anois is aríst, dá dtiocfá anall ar an taobh seo anois is aríst agus ligean dom lán mo dhá shúl a bhaint asat.

(*Ar ais chun tosaigh*). Ach níl tú in ann, tá fhios a'm sin.

(*Íslíonn a cloigeann*). Tá fhios.

(*Sos. Ardaíonn a cloigeann*). Bhuel, ar aon nós.

(*féachann ar an scuab fiacla ina lámh*) ní fhéadfadh sé a bheith i bhfad anois –

(*féachann ar an scuab*) go mbuailfidh an clog.

(*Ardaíonn mullach de chúl cinn* WILLIE *agus bíonn le feiceáil os cionn na fána. Breathnaíonn* WINNIE *níos grinne ar an scuab*). Fully guaranteed …

(*ardaíonn a cloigeann*) … céard é seo a bhí?

(*Ardaíonn lámh* WILLIE *leis an naipcín, scarann ar a chloigeann é agus imíonn as amharc*). Genuine pure … fully guaranteed …

(*Ardaíonn lámh* WILLIE *agus bíonn le feiceáil leis an hata bádóra, cuireann ar a chloigeann é agus é ar leathstuaic, imíonn as amharc*) … genuine pure … ah! hog's setae.

(*Sos*). Céard é collach, go díreach?

(*Sos. Casann sí i dtreo* WILLIE *beagán*). Céard é collach ar aon nós, an bhfuil fhios a'd, a Willie. Níl mé in ann cuimhneamh ceart.

(*Sos. Ag casadh níos faide, ag impí*). *Céard* é collach, a Willie, más é do thoil é!

(*Sos*).

WILLIE: Collach muice! Muc fireann atá coillte. (*Tagann dreach sona ar aghaidh* WINNIE). Beathaithe go maith le marú. (*Méadaíonn a meangadh. Osclaíonn* WILLIE *an nuachtán, ní bhíonn a lámha le feiceáil. Feictear barranna de bhileoga buí ar an dá thaobh dá chloigeann. Stánann* WINNIE *amach os a comhair agus dreach sona uirthi fós*).

WINNIE: Ó, lá sona é seo! Lá glórmhar sona eile a bheadh anseo.

(*Sos*). Tar éis an tsaoil.

(*Sos*). Go dtí seo.

(*Sos. Dreach sona múchta. Iompaíonn* WILLIE *leathanach. Sos. Iompaíonn sé ceann eile. Sos*).

WILLIE: Opening for smart youth.

(*Sos. Baineann* WINNIE *di a hata, iompaíonn lena chur sa mála, stopann, casann ar ais chun tosaigh. Meangadh*).

WINNIE: Ní hea.

(*Meangadh níos mó*). Ní hea, ní hea.

(*Meangadh múchta. Cuireann uirthi an hata arís, stánann amach chun tosaigh, sos*). Agus anois?

(*Sos*). Abair amhrán.

(*Sos*). Abair d'amhrán, a Winnie.

(*Sos*). Ní dhéarfaidh?

(*Sos*). Abair paidir mar sin.

(*Sos*). Aithris do phaidir, a Winnie.

(*Sos. Iompaíonn* WILLIE *leathanach. Sos*).

WILLIE: Wanted bright boy.

(*Sos. Stánann* WINNIE *amach os a chomhair. Iompaíonn* WILLIE *leathanach den nuachtán. Sos. Imíonn an nuachtán as radharc. Sos fada*).

WINNIE: Aithris do sheanphaidir, a Winnie.

(*Sos fada*).

BRAT

Company SJ
Laethanta Sona
Máirtín Celine Seoige
Photo by Cormac Coyne

Gníomh a Dó

Radharc mar a bhí roimhe.

Tá Winnie *neadaithe go dtína muineál sa gcnocán anois, an hata ar a cloigeann, a súile dúnta. Féachann a cloigeann, nach bhféadann sí a iompú, a chromadh ná a ardú níos mó, chun tosaigh gan chorraí as i rith an ghnímh. Gluaiseachtaí na súl mar a deirtear thíos.*

Mála agus parasól mar a bhí roimhe. An gunnán go feiceálach ar thaobh a láimhe deise ar an gcnocán.

Sos fada.

Buaileann an cloigín os ard. Osclaíonn sí a súile ar an bpointe. Stopann an cloigín. Stánann sí amach chun tosaigh. Sos fada.

Winnie: Móra duit, a sholas naofa.

(*Sos fada. Dúnann sí a súile. Buaileann an cloigín os ard. Osclaíonn sí a súile ar an bpointe. Stopann an cloigín. Stánann sí amach chun tosaigh. Meangadh ar feadh tamaill fhada. Meangadh múchta. Sos fada*). Duine eicínt ag breathnú orm fós.

(*Sos*). Ag tabhairt aire dom fós.

(*Sos*). Nach in é an rud is iontaí.

(*Sos*). Súile ag breathnú sna súile orm.

(*Sos*). Ó, céard é an líne dodhearmadta sin?

(*Sos. A súile ar dheis*). Willie.

(*Sos. Níos airde*). Willie.

(*Sos. Súile chun tosaigh*). Nó, an bhfuil am i gcónaí ann?

(*Sos*). É tamall maith anois ó chonaic mé go deireanach tú, a Willie.

(*Sos*). Ó, chuala mé tú.

(*Sos*). An bhfuil?

(*Sos*). Caitheann duine.

(*Meangadh*). An sean-stíl!

(*Meangadh múchta*). Is gan tada ar bith mórán fágtha le rá.

(*Sos*). Chuile rud ráite.

(*Sos*). An méid is féidir a rá.

(*Sos*). Bhínnse ag ceapadh …

(*Sos*). Séard atá mé a rá, ná bhínn ag ceapadh go bhfoghlaimeoinn le caint as mo stuaim féin.

(*Sos*). Caint liom féin, atá i gceist a'm. Sa bhfiántas.

(*Meangadh*). Ach ní fhéadfainn.

(*Meangadh níos mó*). Ní fhéadfainn, ní fhéadfainn.

(*Meangadh múchta*). Dá bhrí sin, is ann duit.

(*Sos*). Ó, tá tú básaithe cinnte ar nós an chuid eile, básaithe siúráilte, gan aon amhras, nó sin greadta leat ar nós an chuid eile, is cuma faoi, is ann duit.

(*Sos. Súile ar chlé*). Tá an mála é féin ann mar a bhí riamh, tá mé in ann é a fheiceáil.

(*Sos. Súile ar dheis. Níos airde*). Tá an mála ansin, a Willie, é chomh maith agus a bhí riamh, an mála a thug tú dom an lá úd … le dul chuig an margadh.

(*Sos. Súile chun tosaigh*). An lá úd.

(*Sos*). Cén lá?

(*Sos*). Bhínnse ag guibhe.

(*Sos*). Bhínn ag guibhe, a deirim.

(*Sos*). Sea, caithfidh mé admháil go mbínn.

(*Meangadh*). Ní bhíonn anois.

(*Meangadh níos mó*). Ní bhíonn, ní bhíonn.

(*Meangadh múchta. Sos*). An uair úd … anois … na deacrachtaí atá anseo, don intinn.

(*Sos*). Mé a bheith i gcónaí mar atá – athraithe go mór seachas mar a bhíodh.

(*Sos*). Ba mise an mise a bhí ach is mise eile anois mé.

(*Sos*). An mise mise agus an mise eile.

(*Sos*). Is beag an méid is féidir le duine, a rá, chuile rud ráite ag duine.

(*Sos*). An méid is féidir le duine.

(*Sos*). Is gan focal fírinne abhus ná thall.

(*Sos*). Mo ghéaga.

(*Sos*). Mo chíocha.

(*Sos*). Cé na géaga?

(*Sos*). Cé na cíocha?

(*Sos*). Willie.

(*Sos*). Cén Willie?

(*Dearbhú tobann diongbháilte*). Mo Willie-sa!

(*Súile ar dheis, ag glaoch*). Willie!

(*Sos. Níos airde*). Willie!

(*Sos. Súile chun tosaigh*). Á, bhuel, gan fhios a bheith ag duine, gan fhios a bheith ag duine go cinnte, mórthrócaire, sin a bhfuil uaim.

(*Sos*). Á, sea … an uair úd … anois … dath glas feá … é seo … Charlie … póga … é seo … é sin ar fad … cíor thuathail intinne.

(*Sos*). Ach ní luíonn an cíor thuathail ar m'intinn-sa.

(*Meangadh*). Ní luíonn anois.

(*Meangadh níos mó*). Ní luíonn, ní luíonn.

(*Meangadh múchta. Sos fada. Dúnann sí a súile. Buaileann an clog go hard. Osclaíonn sí a súile*). Súile ag fánaíocht os mo chomhair a dhúnann go síochánta … go bhfeicfidh … faoi shíocháin.

(*Sos*). Ní hin iad mo chuid súile-sa.

(*Sos*). Ní hiad.

(*Sos*). Ní hiad, ní hiad.

(*Sos fada*). Willie.

(*Sos*). An gceapann tú go bhfuil atmaisféar na cruinne imithe i léig, a Willie?

(*Sos*). An gceapann, a Willie?

(*Sos*). Nach bhfuil aon tuairim a'd?

(*Sos*). Bhuel, níor athraigh tú a dhath, níor nochtaigh tú aon tuairim faoi thada riamh.

(*Sos*). Thuigfeadh duine an méid sin.

(*Sos*). An chuid is mó de ar aon nós.

(*Sos*). Croílár na cruinne.

(*Sos*). Ní bhím cinnte amanta.

(*Sos*). Bíonn amanta ann agus amanta eile.

(*Sos*). Bíonn cuid eicínt fanta i gcónaí.

(*Sos*). De chuile shórt.

(*Sos*). Cuid eicínt fanta.

(*Sos*). Dá gclisfeadh ar an intinn.

(*Sos*). Ní chlisfidh, dar ndóigh.

(*Sos*). Ní baileach é.

(*Sos*). Ní m'intinn-sa.

(*Meangadh*). Faoi láthair ar aon nós.

(*Meangadh níos mó*). Ní chlisfidh.

(*Meangadh múchta. Sos fada*). B'fhéidir gurbh é an fuacht síoraí é.

(*Sos*). Fuacht síoraí marfach.

(*Sos*). Trí sheans, is dóigh. Seans sona.

(*Sos*). Ó sea, mórthrócairí, mórthrócairí.

(*Sos*). Agus anois?

(*Sos fada*). An t-éadan.

(*Sos*). Srón.

(*Féachann sí síos go camshúileach*). Tá mé in ann é a fheiceáil …

(*ag féachaint síos go camshúileach*) … an barr … na polláirí … anáil na beatha … an cuar colainne a raibh an oiread cion a'd air …

(*cuireann puisín uirthi féin*) oiread na fríde de liopa …

(*cuireann puisín uirthi féin arís*) má chuirim puisín orm féin …

(*cuireann amach a teanga*) … an teanga dár ndóigh … a thaithin chomh mór sin leat … má shacim amach í ...

(*cuireann amach arís í*) … an gob …

(*súile suas*) … amhras an chlár éadain … malaí na súl … samhlaíocht b'fhéidir …

(*súile ar chlé*) … leiceann … níl …

(*súile ar dheis*) níl …

(*séideann sí amach a pluca*) fiú má shéidim amach iad …

(*súile ar chlé, séideann amach a pluca arís*) ní hea … ní hea, níl ... gan dath.

(*Súile chun tosaigh*). Sin a bhfuil ann.

(*Sos*). An mála dar ndóigh …

(*súile ar chlé*) … beagán doiléir b'fhéidir … ach an mála.

(*Súile chun tosaigh. Ar nós cuma liom*). Tír agus talamh go hior na spéire, dar ndóigh.

(*Súile ar dheis*). An scáth gréine a thug tú dom … an lá úd …

(*sos*) an lá úd … an loch … na giolcacha.

(*Súile chun tosaigh. Sos*). Cén lá?

(*Sos*). Cé na giolcacha?

(*Sos fada. Dúnann sí a súile. Buaileann an cloigín os ard. Osclaíonn sí a súile. Sos. Súile ar dheis*). Brownie, dar ndóigh.

(*Sos*). An cuimhneach leat Brownie, a Willie, tá mé in ann é a fheiceáil.

(*Sos*). Tá Brownie ansin, a Willie, in aice láimhe.

(*Sos. Os ard*). Tá Brownie ansin, a Willie.

(*Sos. Súile chun tosaigh*). Sin a bhfuil ann.

(*Sos*). Céard a dhéanfainn dá n-uireasa.

(*Sos*). Céard a dhéanfainn dá n-uireasa nuair a chliseann na focla.

(*Sos*). Stánadh amach romham is mo chuid liopaí teannta.

(*Sos fada agus í á dhéanamh*). Ní fhéadfainn.

(*Sos*). Á, sea, mórthrócairí, mórthrócairí.

(*Sos fada. Os íseal*). Cloisim fuaimeanna amanta.

(*Cluas le héisteachta uirthi. Gnáthghlór*). Ach ní minic é.

(*Sos*). Is cabhair iad na fuaimeanna. Na fuaimeanna, cuidíonn liom, déanann mo leas, cuidíonn siad liom … an lá a chaitheamh.

(*Meangadh*). An sean-stíl!

(*Meangadh múchta*). Laethanta sona a bhíonn iontu siúd go deimhin, an lá a mbíonn fuaimeanna le cloisteáil.

(*Sos*). Nuair a chloisim fuaimeanna.

(*Sos*). Bhínn ag ceapadh …

(*Sos*). Bhínn ag ceapadh, a deirim, gur i mo chloigeann a bhídís.

(*Meangadh*). Ach ní hea.

(*Meangadh níos mó*). Ní hea, ní hea.

(*Meangadh múchta*). Ní raibh ansin ach tuairim.

(*Sos*). Réasún.

(*Sos*). Níl mo réasún caillte a'm.

(*Sos*). Níl fós.

(*Sos*). Níl go hiomlán.

(*Sos*). Roinnt fágtha.

(*Sos*). Fuaimeanna.

(*Sos*). Ag géilleadh beagán ar bheagán, ag titim as a chéile … ina phíosaí.

(*Sos. Os íseal*). Rudaí, a Willie.

(*Sos. Gnáthghlór*). Istigh sa mála, taobh amuigh den mhála.

(*Sos*). Á, sea, a sheal féin, sin é a deirimse i gcónaí. Bíonn a sheal féin ag chuile *rud*.

(*Sos*). Féach mo scáthan. Ní theastaíonn mise uaidh níos mó.

(*Sos*). An cloigín.

(*Sos*). Gortaíonn sé mé, mar a sháfaí le scian mé.

(*Sos*). Tollta.

(*Sos*). Ní féidir é a sheachaint.

(*Sos*). Cé chomh minic …

(*Sos*) … Cé chomh minic, a deirim, a dúirt mé. Na bac leis, a Winnie, ná tabhair aon aird air ach lean ort ag codladh agus ag dúiseacht, ag codladh agus ag dúiseacht, mar a thograíonn tú féin é, oscail do shúile agus dún iad, mar a thograíonn tú féin é nó pé ar bith bealach is fearr a mbaineann tú leas as.

(*Sos*). Oscail agus dún na súile, a Winnie, oscail agus dún iad, sin é é i gcónaí.

(*Sos*). Ach ní hé.

(*Meangadh*). Ní hé anois.

(*Meangadh níos mó*). Bí cinnte nach é.

(*Meangadh múchta. Sos*). Agus anois?

(*Sos*). Agus anois, a Willie?

(*Sos fada*). Tá mo scéal féin ann, dar ndóigh, nuair a chliseann ar chuile rud eile.

(*Sos*). Saol.

(*Meangadh*). Saol fada.

(*Meangadh múchta*). Ag tosú sa mbroinn, mar a dtosaíodh an saol tráth, tá cuimhní cinn ag Mildred, beidh cuimhní cinn aici ar an mbroinn sul má bhásaíonn sí, ar bhroinn na máthar.

(*Sos*). Tá sí ceathair nó cúig de bhlianta d'aois cheana féin agus tugadh babóg mhór chéarach di le gairid.

(*Sos*). Gléasta amach, feisteas nua as an bpíosa.

(*Sos*). Bróga, stocaí, fo-éadaí, an t-iomlán, gúna le froigisí, miotóga.

(*Sos*). Mogail bhána.

(*Sos*). Hata beag bán tuí le smig leaisteach.

(*Sos*). Muince péarlaí.

(*Sos*). Leabhairín beag finscéalta le pictiúir le cur faoina hascaill nuair a théann sí ar shiúlóid.

(*Sos*). Súile gorma lonracha a bhíonn ag preabadh, ag oscailt is ag dúnadh.

(*Sos. Mar a bheadh ag scéalaíocht*). Ní raibh an ghrian i bhfad ina suí nuair a d'éirigh Milly, anuas léi le fána …

(*sos*) sciorr sí ar a fallaing oíche, is anuas le fána an staighre adhmaid léi aisti féin, í mar a bheadh ag lámhacán i ndiaidh a tóna agus isteach léi san áit nach raibh cead ar bith aici dul …

(*sos*) tríd an bpasáiste ciúin ag gluaiseacht ar bharr a cuid méaracha agus isteach sa naíolann is thosaigh sí ag baint a cuid éadaigh de Dolly.

(*Sos*). Isteach léi faoin mbord ag lámhacán agus thosaigh ag baint a cuid éadaigh de Dolly.

(*Sos*). Ag ithe an chloiginn di … i gcaitheamh an ama.

(*Sos*). Go tobann tagann luch –

(*Sos fada*). Go deas réidh, a Winnie.

(*Sos fada. Ag glaoch*). Willie!

(*Sos. Níos airde*). Willie!

(*Sos. Cáineadh éadrom*). Braithim go mbíonn meon sách aisteach a'd amanta, a Willie, nó sin a fheictear dom. Níor chleacht tusa riamh a bheith crua cruálach.

(*Sos*). Aisteach?

(*Sos*). Níl.

(*Meangadh*). Ní anseo.

(*Meangadh níos mo*). Ní anois.

(*Meangadh múchta*). Ach fós.

(*Faoi imní go tobann*). Súil a'm nach bhfuil tada contráilte.

(*Súile ar dheis, os ard*). Gach rud ceart go leor, a stór?

(*Sos. Súile chun tosaigh. Léi féin*). Nár lige Dia go ndeachaigh sé isteach ann i ndiaidh a chinn!

(*Súile ar dheis, os ard*). Níl tú i sáinn, a Willie?

(*Sos. Do*). Níl tú i bhfostú ansin, a Willie?

(*Súile chun tosaigh, faoi imní*). B'fhéidir go bhfuil sé ag screadach ar thóir cabhrach i rith an ama ar fad ach nach gcloisim é!

(*Sos*). Cloisim screadanna, dar ndóigh.

(*Sos*). Ach is istigh i mo chloigeann atá siad, siúráilte.

(*Sos*). An bhféadfadh sé go …

(*Sos. Mar fhocal deiridh*). Ní hea, ní hea, bhí mo chloigeannsa lán le screadanna riamh.

(*Sos*). Screadanna laga measctha trína chéile.

(*Sos*). Tagann siad.

(*Sos*). Imíonn siad.

(*Sos*). Mar a bheadh dá séideadh sa ngaoth.

(*Sos*). Sin an rud is iontaí.

(*Sos*). Bíonn deireadh leo.

(*Sos*). Á, sea, mórthrócaire, mórthrócaire.

(*Sos*). Tá píosa maith den lá caite anois.

(*Meangadh. Meangadh múchta*). Ach tá sé beagáinín róluath dom fós m'amhrán a rá.

(*Sos*). Buille marfach a bheadh ann amhrán a chrochadh suas róluath sa lá, mar a mhúin an saol dom.

(*Sos*). Ach ar an láimh eile d'fhéadfadh duine é a fhágáil ródheireanach.

(*Sos*). Buaileann cloigín na hoíche agus gan an t-amhrán ráite ag duine beag ná mór.

(*Sos*). An lá imithe – de sciotán beagnach.

(*Meangadh, meangadh múchta*). Imithe, is gan oiread is líne ná véarsa ráite, ní áirím amhrán. Mall ná sciobtha.

(*Sos*). Sin í an fhadhb.

(*Sos*). Ní féidir le duine amhrán a rá mar sin … ar iompú boise, cén chaoi a bhféadfadh.

(*Sos*). Brúchtann sé aníos ar chúis eicínt nach féidir a thuiscint, ag an am is measa ar bith, is beag nach dtachtann duine dá choinneáil istigh.

(*Sos*). Buail an t-iarann nuair atá sé te mar a deirtear. Anois an t-am, ach nuair nach féidir le duine.

(*Sos*). Nuair nach féidir fiú amhrán a rá.

(*Sos*). Oiread is nóta.

(*Sos*). Rud eile, a Willie, ó tá an t-ábhar seo tarraingte anuas a'ainn.

(*Sos*). An duairceas is an brón a fhágann amhrán ina dhiaidh.

(*Sos*). Nár thug tusa é sin faoi deara, a Willie?

(*Sos*). Ó do thaithí saoil.

(*Sos*). Níor thug?

(*Sos*). Tá taithí ag duine ar an duairceas is ar an mbrón a bhuaileann duine théis caidreamh dlúth collaí, dar ndóigh.

(*Sos*). Bheifeá ar aon fhocal le Aristotle faoin méid sin, déarfainn, a Willie.

(*Sos*). Sea, chomh fada agus go dtuigeann duine sin agus go bhfuil sásta aghaidh a thabhairt air.

(*Sos*). Ach théis amhrán …

(*Sos*). Ach ní mhaireann sé rófhada, dar ndóigh.

(*Sos*). Sin é an rud is iontaí domsa.

(*Sos*). Tréigeann sé.

(*Sos*). Ó, céard iad na línte álainn aoibhinn úd.

(*Sos*). Lig mé i ndearmad … rud eicínt, i gcéin … rud eicínt, faoi scáth scáile … lig mé i ndearmad … tuige an brón … meangadh mór … lig mé i ndearmad … tuige an brón … meangadh beo … ní chloisfidh arís ... meangadh milis ... glór bog binn ...

(*Sos. Ag osnaíl*). Déanann duine dearmad ar na clasaicigh.

(*Sos*). Ó, ní ar chuile cheann acu.

(*Sos*). Línte.

(*Sos*). Bíonn línte fanta.

(*Sos*). Sin é an rud is iontaí domsa, bíonn línte as na clasaicigh fanta a chuidíonn le duine an lá a chaitheamh.

(*Sos*). Ó, sea, mórthrócaire, mórthrócaire.

(*Sos*). Agus anois?

(*Sos*). Anois, a Willie?

(*Sos fada*). Achainím ar amharc m'intinne ... Mr Shower – nó Cooker.

(*Dúnann sí a súile. Buaileann an cloigín os ard. Osclaíonn sí a súile. Sos*). Iad lámh ar láimh agus málaí sna lámha eile.

(*Sos*). Ag teannadh amach … sna blianta.

(*Sos*). Níl siad óg níos mó, cé nach bhfuil siad sean fós ach oiread.

(*Sos*). Ina seasamh ansin ag stánadh orm.

(*Sos*). Caithfidh sé nach droch-chíocha a bhí iontu siúd ina lá, a deireann sé.

(*Sos*). Chonaic mé guaillí níos measa ná iad siúd, le mo linn, a deireann sé.

(*Sos*). An bhfuil dé ar bith ina cosa? a deireann sé.

(*Sos*). An bhfuil aon mhothú sna cosa? a deireann sé.

(*Sos*). An bhfuil stitch ar bith uirthi thíos staighre? A deireann sé.

(*Sos*). Cuir ceist uirthi, a deireann sé, táimse cúthaileach.

(*Sos*). Cuir ceist uirthi faoi chéard, a deireann sise.

(*Sos*). An bhfuil aon mhothú sna cosa?

(*Sos*). An bhfuil stitch ar bith uirthi thíos staighre?

(*Sos*). Fiafraigh tú féin di é, a deireann sise.

(*Sos. Le neart tobann*). Lig liom in ainm Dé, agus gread leat.

(*Sos. Do*). Gread leat!

(*Meangadh*). Ach ní ligean.

(*Meangadh níos mó*). Ní ligean.

(*Meangadh muchta*). Mé ag faire orthu ag cúlú leo.

(*Sos*). Lámh ar láimh – agus na málaí.

(*Sos*). Ag dul i léig.

(*Sos*). Imithe ansin.

(*Sos*). Na daoine daonna strae deiridh a casadh an bealach seo.

(*Sos*). Go dtí seo.

(*Sos*). Agus anois?

(*Sos. Os íseal*). Cúnamh.

(*Sos. Do*). Cúnamh, a Willie.

(*Sos. Do*). Ní thabharfaidh?

(*Sos fada. Mar a bheadh ag scéalaíocht*). Go tobann ritheann luch …

(*Sos*). Go tobann rith luch suas ar cheathrú beag Mildred is thit Dolly uaithi de bharr an gheit a baineadh aisti, is thosaigh sí ag screadach –

(*ligeann* WINNIE *scread géar go tobann*) agus ag screadach is ag screadach –

(*ligeann* WINNIE *scread faoi dhó*) ag screadach agus screadach agus screadach agus screadach nó gur tháinig chuile dhuine ag rith chuici, iad fós ina bhfeisteas oíche, deaide, mama, Bibby agus … sean-Annie, go bhfeicfidís céard a tharla …

(*Sos*) céard sa mí-ádh a d'fhéadfadh a bheith mícheart.

(*Sos*). Ródheireanach.

(*Sos*). Ródheireanach.

(*Sos fada. Le cloisteáil ar éigean*). Willie.

(*Sos. Gnáthghlór*). Á, bhuel, ní bheidh sé i bhfad anois, a Winnie, ní fhéadfadh sé a bheith i bhfad anois go mbuailfidh cloigín na hoíche.

(*Sos*). Féadfaidh tú do shúile a dhúnadh ansin, *caithfidh* tú do shúile a dhúnadh – agus iad a choinneáil dúnta.

(*Sos*). Cén fáth é sin a rá arís?

(*Sos*). Bhínnse ag ceapadh …

(*Sos*). Bhínn ag ceapadh, a deirim, nach bhfuil aon difríocht idir codán amháin de shoicind agus an chéad chodán eile den soicind céanna.

(*Sos*). Bhínn ag rá …

(*Sos*). Bhínn ag rá, a deirim, a Winnie, ní athróidh tú choíche, ní bhíonn aon difríocht choíche idir codán amháin de shoicind agus an chéad chodán eile den soicind céanna.

(*Sos*). Cén fáth an scéal sin a tharraingt anuas arís?

(*Sos*). Tá a laghad sin údar cainte ag duine anseo, ionas nach mbíonn aon rogha ag duine ach na hábhair sheanchaite chéanna a tharraingt anuas go síoraí seasta.

(*Sos*). Gach ar féidir le duine.

(*Sos*). Tá pian i mo mhuineál.

(*Sos. Le neart tobann*). Tá pian i mo mhuineál.

(*Sos*). Á, tá sé sin níos fearr.

(*Le beagán cantail*). Gach rud is a réasún féin.

(*Sos fada*). Nílim in ann níos mó a dhéanamh.

(*Sos*). Focal eile a rá.

(*Sos*). Ach caithfidh mé focla a rá.

(*Sos*). Fadhb anseo.

(*Sos*). Ní hea, caithfidh rud eicínt corraí sa saol, nílimse in ann corraí níos mó.

(*Sos*). Leoithne.

(*Sos*). Anáil.

(*Sos*). Céard iad na línte breátha buana úd.

(*Sos*). Dorchadas na síoraíochta, b'fhéidir.

(*Sos*). Oíche dhubh dhorcha de shíor.

(*Sos*). Seans, sin a bhfuil sa saol, déarfainn, seans sona.

(*Sos*). Ó, sea, is toirneach de thrócairí.

(*Sos fada*). Agus anois?

(*Sos*). Agus anois, a Willie?

(*Sos fada*). An lá úd.

(*Sos*). Siosarnach an tseaimpéin bhándeirg.

(*Sos*). Na gloineachaí galánta.

(*Sos*). An t-aoi deiridh imithe.

(*Sos*). Deoch an dorais agus colainneachaí ar tí téamh chuig a chéile.

(*Sos*). An fhéachaint.

(*Sos fada*). Cén lá?

(*Sos fada*). Cén fhéachaint?

(*Sos fada*). Cloisim screadaíl.

(*Sos*). Abair amhrán.

(*Sos*). Abair do sheanamhrán, a Winnie.

(*Sos fada. Tagann dreach aireach ar a haghaidh go tobann. Súile ar dheis. Ardaíonn cloigeann* WILLIE *agus bíonn le feiceáil ar thaobh a láimhe deise ag coirnéal cruinn an chnocáin. Tá sé thíos ar a chosa is a lámha mar a bheadh ag lámhacán, é gléasta amach go péacach – hata ard, cóta maidine, bríste straidhpeach, srl., miotóga bána ina lámh aige. Tá croiméal an-fhada tiubh den chineál* 'Battle of Britain' *air. Stopann sé, stánann amach chun tosaigh, slíocann a chroiméal. Tagann sé i láthair go hiomlán ó chúl an chnocáin, casann ar thaobh a láimhe clé, stopann, féachann suas ar* WINNIE. *Tá sé ag lámhacán ar a cheithre boinn go lár an stáitse, stopann, iompaíonn a chloigeann chun tosaigh, stánann amach chun tosaigh, slíocann a chroiméal, díríonn a charbhat, socraíonn a hata, téann ag lámhacán beagán níos faide, stopann, baineann de a hata agus féachann suas ar* WINNIE. *Níl sé i bhfad ó lár an stáitse anois agus tá i raon radharc* WINNIE. *Níl bhíonn sé in ann an dua a bhaineann le bheith ag féachaint suas uirthi a sheasamh níos faide agus islíonn sé a cheann síos go talamh*).

WINNIE (*Go galánta*): Bhuel, seo pléisiúr nach raibh súil ar bith a'm leis!

(*Sos*). Cuireann sé i gcuimhne dom an lá ar tháinig tú do m'iarraidh, agus an gheonaíl a bhí ort.

(*Sos*). Is tú searc is grá mo chléibh, a Win, tar liom.

(*Féachann sé suas*). Tá an saol ina chodás gan Win.

(*Tosaíonn sí ag sciotaíl*). A leithéid d'fheisteas, is mór an seó tú!

(*Ag sciotaíl*). Cá bhfuil na bláthanna?

(*Sos*). An meangadh sin atá inniu ort.

(*Íslíonn* WILLIE *a chloigeann*). Céard é sin ar do mhuineál, gríos?

(*Sos*). Níor mhór duit breathnú amach dó sin, a Willie, sul má scaipeann sé.

(*Sos*). Cá raibh tú i gcaitheamh an ama?

(*Sos*). Céard a bhí dá dhéanamh agat an t-am ar fad?

(*Sos*). Do do réiteach féin?

(*Sos*). Nár chuala tú mé ag screadach ort do do chuartú?

(*Sos*). An raibh tú i bhfostú i do phluais?

(*Sos. Féachann sé suas*). Maith an fear, a Willie, breathnaigh orm.

(*Sos*). Bíodh féasta ag na seansúile sin a'd, a Willie.

(*Sos*). An bhfuil tada fágtha?

(*Sos*). Tada ar bith beo?

(*Sos*). Níl?

(*Sos*). Ní raibh ar mo chumas breathnú ina dhiaidh, an dtuigeann tú.

(*Íslíonn sé a chloigeann*). Níl tusa imithe ó aithne fós, ar bhealach.

(*Sos*). An bhfuil tú ag smaoineamh ar theacht chun cónaithe ar an taobh seo anois ... ar feadh tamaillín, b'fhéidir?

(*Sos*). Níl?

(*Sos*). Cuairt ghearr?

(*Sos*). An bodhar atá tú, a Willie?

(*Sos*). Nó balbh?

(*Sos*). Ó, tá fhios a'm nach fear cainteach a bhí riamh ionat, is tú searc is rún mo chléibh, a Winnie, bí liom, agus sin uile seachas scéilíní beaga seafóideacha as an *Reynold's News*.

(*Súile chun tosaigh. Sos*). Á, bhuel, nach cuma, sin a deirimse i gcónaí, is lá sona a bheadh ann théis chuile shórt, lá sona eile.

(*Sos*). Ní bheidh sé i bhfad anois, a Winnie.

(*Sos*). Cloisim screadanna.

(*Sos*). An gcloiseann tusa screadanna riamh, a Willie?

(*Sos*). Ní chloiseann?

(*Súile ar ais ar* WILLIE). Willie.

(*Sos*). Féach arís orm, a Willie.

(*Sos*). Uair amháin eile, a Willie.

(*Féachann* WILLIE *suas. Go sásta*). Á?

(*Sos. Cuma uirthi gur baineadh geit as*). Céard atá ort, a Willie, ní fhaca mé smut mar sin riamh cheana ort!

(*Sos*). Cuir ort do hata, a stór, teas na gréine, ní gá a bheith foirmiúil, is cuma liomsa.

(*Ligeann sé don hata agus do na miotóga titim agus tosaíonn sé ag lámhacán suas an cnocán ina treo. Go ríméadach*). Ó, nach bhfuil sé seo iontach ar fad.

(*Stopann sé agus greim daingean aige ar an gcnocán le lámh amháin agus é ag síneadh suas an lámh eile ina treo*). Coinnigh ort, a stór, bíodh splanc eicínt ionat, beidh mise do do ghríosadh.

(*Sos*). An ar mo thóir-sa atá tú, a Willie … nó ar thóir rud eicínt eile?

(*Sos*). An bhfuil tú ag iarraidh do lámh a chuimilt de m'éadan … arís?

(*Sos*). An póg atá uait, a Willie … nó rud eicínt eile?

(*Sos*). Bhí tráth ann agus d'fhéadfainn lámh a thabhairt duit.

(*Sos*). Tráth eile roimhe sin nuair a thug mé lámh duit.

(*Sos*). Theastaigh lámh go géar riamh uaitse, a Willie.

(*Sleamhnaíonn sé síos go bun an chnocáin agus luíonn ar an talamh, béal faoi*). Brrum!

(*Sos. Éiríonn sé go dtí go bhfuil sé ar a cheithre boinn, ardaíonn a aghaidh ina treo*). Bíodh gó eile agat leis, a Willie, beidh mise anseo do do ghríosadh.

(*Sos*). Ná breathnaigh mar sin orm!

(*Sos. Go díograchas*). Ná breathnaigh mar sin orm!

(*Sos. Os íseal*). Imithe as do mheabhair atá tú, a Willie?

(*Sos. Do*). Imithe as do chranna cumhachta, a Willie?

(*Sos*).

WILLIE (*Le cloisteáil ar éigean*): Win.

(*Sos. Súile* WINNIE *chun tosaigh. Tagann dreach sona uirthi agus méadaíonn*).

WINNIE: Win! Ó, *is* lá sona é seo, lá sona eile a bheadh anseo!

(*Sos*). Tar éis an tsaoil.

(*Sos*). Go dtí seo.

(*Sos. Tá sí ag crónán tús an amhráin go faiteach, ach tosaíonn ag gabháil fhoinn go séimh ansin, fonn an cheolbhosca*).

In do shúile
Feicim rúnta
Nach gá a lua
Is tú ag luascadh
Do dhamhsa musclaíonn
Grá mo chroí
Do mhéara spréite
Fógraíonn dom a stór
D'fhocal dom, is tú is tú
Mo ghrá go deo.

(*Sos. Dreach sona múchta. Dúnann sí a súile. Buaileann an cloigín os ard. Osclaíonn sí a súile. Déanann sí meangadh, ag stánadh amach chun tosaigh. Iompaíonn sí a súile i dtreo* WILLIE, *ag déanamh meangadh. Tá* WILLIE *fós ar a cheithre boinn agus é ag féachaint suas uirthi. Meangadh múchta. Breathnaíonn an bheirt ar a chéile. Sos fada*).

BRAT

Company SJ
Laethanta Sona
Micheál Ó Conghaile
Photo by Cormac Coyne